4차 산업혁명 : 개인과 조직, 강점에 집중하라!

이혜숙 지음

서울경제경영

| 저자소개 |

이 혜 숙

현재 FLIP & Click의 대표로 이화여대 신문방송학과와 서울대 언론정보 석사, University Of Pittsburgh에서 MBA, 서울과학종합대학원에서 경영학 박사를 취득했다. 리츠칼튼 호텔에서 교육, 코카콜라 보틀링에서 리더십교육과 조직문화 개발과 인사 상무, 로레알 코리아에서 인사전무를 역임하였다. 다양한 조직 경험을 통해 저자의 관심은 "어떻게 하면 구성원들이 신나게 일하면서 성과를 내고 조직과 함께 성장할 수 있을까?"이며 리더십 개발, 긍정 강점기반 임원, 그룹, 팀 코칭, 긍정조직 개발 (Appreciative Inquiry)등 개인과 조직의 강점활용 전문가이며, 사회과학종합대학원 겸임교수로 활동하고 있다.

본 도서는 서울과학종합대학원대학교 박사학위논문을 바탕으로 재편집된 것입니다.

Prologue

1997년에 미국의 “Talent +”라는 회사에 인터뷰 교육을 받으러 간 적이 있다. 그 회사의 창립자인 William E. Hall의 비전은 "모든 사람이 자기가 잘 할 수 있는 일을 즐기면서 할 수 있다면 어떤 세상이 될까?“하는 것이었다. 모든 사람에게는 특별함과 고유함이 있고 그것을 발휘했을 때 성과를 잘 낼 수 있다는 것이었다. 그 때 느꼈던 설렘과 신선함, 그리고 그런 세상이 온다면 참 좋겠다라는 생각을 하면서 열심히 교육을 받았던 기억이 아직도 강렬하게 남아있다. 그 뒤 20년이 넘는 조직에서의 경험들과 또 외부전문가로서의 경험을 한 지금 다시 그 말이 더 강하게 의미있게 와닿고 있다.

요즈음 많은 사람들이 4차 산업혁명에 대해 얘기하고 있다. 흔히 미래를 떠올릴 때면 인간이 하는 일 대부분이 로봇과 인공지능으로 대체되는 악몽 같은 시나리오를 상상하기 쉽다. 〈인간은 과소평가되었다〉의 저자 재프 콜빈은기계는 잠도 안자고 한번 입력된 것은 잊어버리지도 않고 인간보다 더 빨리 심지어 더 많은 학습을 통해 인간을 위협하고 있다. 그러나 기술이 발전해나가는 과정에서 로봇과 인공지능보다 더 잘 하려고 노력하는데 초점을 맞춘다면 그런 대결에서는 인간이 분명히 질 것이며 인간에게 가장 유리해질 분야는 공감, 창조력, 사회적 민감성, 스토리텔링, 유머, 인간관계 형성, 논리로는 불가능한 강력한 방식으로 우리 스스로를 표현하는 등의 기본적이며 근본적인 인간의 능력에서 나온다고 주장한다. 그러므로 앞으로는 우수함의 의미가 바뀔 것이다. 과거에는 기계와 같은 기능을 하는 사람을 우수하다고 평가했다면 점점 더 기계가 대체할 수 없는 인간고유의 능력이 더 중요해질 것이다. 인간다운 면에서 뛰어나고, 철저히 인간다운 사람이 되어야 우수한 결과를 달성할 수 있다. 바꾸어 말하면, 뛰어난 사람이 되는 과정은 인간의 지식보다는 인간의 본성적인 모습과 더 밀접한 관련이 있다. 유능한 사람의 요건으로 지식

보다는 어떤 사람인지가 더 중요해진 것이다.

그런 점에서 강점은 인간 본성의 일부이며 자신의 재능과 강점을 아는 것이 매우 중요하다. 사람은 누구나 훌륭한 특성을 가지고 있고 그 특성들이 성공을 책임지며 그 특성은 더욱 강화할 수 있다. 강점은 에너지를 올려주고 최고의 수행으로 이끄는 이미 존재하는 진정한 사고, 감정, 행동 패턴(Linley, 2008)이다. 여기서 '진정한'이란 강점이 개인의 진짜 모습을 반영한다는 것을 의미한다.

조직차원에서 상상력·융합·협업·문제해결 능력등은 각 계 전문가들이 4차 산업혁명시대 대비책으로 꼽은 키워드다. 즉 창의적 융합적 인재가 필요하고 새로운 기술과 아이디어에 관해 끊임없이 학습할 준비가 되어 있어야 한다. 최진석교수는(건명원 원장) 창의적 융합적 인적 자원은 개성이 존중받고 모든 인간이 인격적으로 존중받으면서 자유가 보장되어야 만들어 질 수 있다고 한다. 그렇게 할 수 있는 자신감을 길러주기 위해, 자기의 재능과 강점을 아는 것이 중요하고 그것을 바탕으로 한 다양한 경험들은 개인의 특성을 더 강화시키고 조직차원에서는 지속적 혁신을 위한 경쟁력있는 역량이 될 것이다. 또 조직에서 오랫동안 실행보다는 말로 많이 얘기되어 온 사람이 가장 큰 자산이라고 말하는 것을 실행할 수 있는 방법 중 하나가 각 개인이 가지고 있는 강점을 활용하는 것이기도 하다.

또한 연구 결과들은 가장 효과적인 인간의 성장과 개발 방법은 자신들이 어떤 사람인가와 역학관계를 갖는다는 것을 밝혀냈다. 직무만족도와 같은 태도적인 구성요소들은 유전적 성격이 약하고(Avey, Bouchard, Segal, & Abraham, 1989) 사람들은 '변화 가능한 요인들(만족도, 주관적 안녕, 몰입도, 성과등)에서만 변화가 일어날 수 있다. 따라서 조직에서 변화는 사람들이 자신들의 타고난 재능에 기반을 두는 경우에 가장 효과적일 수 있다.

그렇다면 조직에서 자신에게 주어진 일을 하면서 스스로 강점을 발휘하고 있다고 느끼는 구성원들은 얼마나 될까? 연구 결과들은 3명중에 1명만 자기의 강점에 대해 얘기할 수 있고(Arnold, 1997; Hill, 2001) 일하면서 강점을 발휘하는 사람은 17%에 지나지 않는다 (Buckingham, 2007)고 한다. 지금까지는 잘하는 것을 키워주는 대신 약점을 개선하는 데 초점을 맞춰 왔다면 앞으로는 자신의 독특한 재능에 초점을 맞춰야 잠재력을 더 많이 끌어 내는 것이 더 중요해질 것이다. 즉 "신이 빠뜨린 것을 채워 넣으려고 애쓰는 대신 신이 심어준 것을 끌어내도록 하는 것이다 (Coffman & Gonzalez Molina, 2002).

Peter Drucker는 "대부분의 사람이 자신이 잘하는 것이 무엇인지 알고 있다"고 생각한다. 그러나 그들 대부분은 잘못 생각하고 있다. 사람들은 자신이 잘 하지 못하는 것을 더 잘 알고 있다. 심지어는 그 점에 있어서도 제대로 아는 경우보다는 잘못 아는 경우가 더 많다. 사람은 오직 자신의 강점으로만 성과를 올릴 수 있다. 자신이 전혀 할 수 없는 어떤 것은 물론이고, 약점을 바탕으로는 성과를 쌓아 올릴 수가 없다(강점혁명, 2002)고 하며 강점의 중요성을 강조했다.

이 책을 통해 조직에서의 강점활용이 조직의 성과와 구성원의 삶의 만족에 어떤 영향을 미치는지 생각해볼 수 있는 계기가 되기 바란다. 개인과 조직이 강점을 발휘하고 강점으로 연결되어 신나게 일하면서 성장하고 협업을 통해 성과를 내는 세상을 꿈꾼다!

초 록

조직연구 분야에서의 긍정심리학의 적용과 응용은 인적자원관리와 조직경영의 새로운 패러다임으로 문제를 어떻게 개선할 것인가에 치우쳐 있던 학문의 초점을 사람들로 하여금 삶과 일터에서 자신의 강점을 키우고, 성장, 발전시킬 수 있는 요인을 탐구하는데로 옮기는데 그 목적을 두고 있다. 사람의 긍정적인 경험, 특성, 그리고 태도가 개인적인 삶의 과정뿐만 아니라 조직에도 영향을 줄 수 있기 때문에 긍정심리학 기반의 많은 연구들은 긍정심리변수들이 실제로 조직에서 어떻게 적용되고 개입될 수 있으며 어떤 성과를 내고 있는지에 대한 통찰을 제공함으로서 긍정조직행동이라는 새로운 관점과 가능성을 제시하고 있다.

긍정 조직행동 연구(Positive Organizational Behavior; 이하 POB)는 '조직의 성과향상을 위해 측정 및 개발이 가능하여 효율적으로 관리 될 수 있고, 긍정적으로 지향된, 사람의 강점과 심리적 역량들에 대한 연구와 응용'으로 정의된다(Luthans, 2002; Luthans & Youssef, 2007). 개인이 가장 잘 기능하도록 만들고 좋은 성과를 내게 하는 특성이라고 정의되는 개인 강점은 긍정심리학의 대표적 변수이고 측정 가능하며 개입을 통해 개발될 수 있고 Seligman(2002)은 강점을 인식하고 활용하는 것은 조직뿐 아니라 인생 전반에서의 최적의 수행에 기여한다고 주장하고 있다. 이런 여러 가지 특성에서 POB 변수의 조건을 만족시키고 있다. 그러나 이 분야에서 국내 연구들은 긍정심리자본에 매우 치우쳐 있고 강점이나 다른 심리적 변인들에 대해 연구는 거의 없다.

또한 2005년 연구가 시작된 이후 국내 긍정심리학 기반 연구들은 다양한 맥락에서 이론적 실증적으로 확대되었다. 국내 기업에서 긍정성에 대한 관심이 높아짐에 따라 경영학 측면에서도 긍정심리학 기반 연구나 긍정조직행동에 대한 연구가 많아지고 있으나 지난 11년 동안 국내 긍정심리기반 연구들이 어떻게 진행되어왔고 국내 조직에는 어떤 영향을 미치고 있는지에 대한 체계적인 조사가 이루어지지 않고 있다.

이에 따라 본 논문은 국내 긍정심리학 기반 연구들과 긍정조직행동에 대한 국내연구 동향을 분석하여 향후 연구 방향을 위한 기초자료를 제공하고, 국내 조직원들을 대상으로 실시한 두 편의 실증연구를 통해 개인의 강점활용이 지각된 성과와 삶의 만족에 미치는 영향을 파악하여 기업이 강점활용에 적극적으로 관심을 갖고 투자해야 할 명분을 확인하고 활성화를 위한 실무적인 시사점을 논의하고 긍정조직행동과 조직에서의 강점활용에 대한 이론 정립과 연구 적용면에서 도움을 주려한다.

첫 번째, 문헌연구를 통해 긍정심리학 기반 조직에 관한 연구들에 관한 국내 연구 동향과 특성을 파악하고, 발전적인 긍정조직에 대한 연구 방향을 제시하고자 하였다. 이를 위해 2005년부터 2015년까지 국내 등재 학술지와 등재 후보 학술지에 게재된 긍정심리학 기반 266편의 논문을 대상으로 동향과 특성을 분석하였다. 그리고 이 중 조직원을 대상으로 하고 조직에 시사점을 주는 조직에 관한 연구 141편의 연구 동향을 분석하고 이 중 경영학 내 긍정조직을 다룬 39편의 실증연구 변수들을 분석해 추이를 분석하고 발전 방향을 모색하였다. 분석 결과 관련된 국내 연구들은 2010년을 기점으로 활발하게 학문영역을 확장하고 있다는 사실을 발견할 수 있었다. 연구가 집중된 분야는 자기효능감, 희망, 낙관주의, 회복력으로 구성되는 긍정심리자본 관련 연구가 주를 이루고 있으며, 특히 경영학에서는 아직 초기 단계의 연구 분야로 다양한 변수나 대상이 다뤄지지 못한 상태임을 알 수 있었다. 결과적으로 긍정심리학 기반의 좀 더 다양한 변수들을 활용한 연구가 필요함을 시사할 수 있었다.

두 번째, 긍정심리학의 대표적 심리변수인 조직원의 강점 활용과 개발이 업무성과 향상은 물론 조직원 개인의 삶의 만족에 긍정적 영향을 미친다는 많은 선행연구들이 소개되어져 왔다. 그러나 이러한 주장들을 뒷받침할 만한 실증연구들은 국내에서는 아직까지 미비한 실정이다. 이에 선행연구들을 토대로 조직 내 구성원의 '강점활용'이 '조화열정', '긍정정서', '집중'을 매개로 '지각된 성과'와 '삶의 만족'에 긍정적 영향을 미친다는 연구 모형을 설계하고 이를 국내 기업 내 조직 구성원 총 460명을 대상으로 수집된 설문을 통해 분석하였다. 분석 결과 조직원이 강점활용을 강화할 경우 조직 내 조화열정, 긍정정서, 집중 요소가 향상되며, 이를 통해 지각된 성과에 긍정적인 영향을 미치는 것으로 나타났다. 다만 강점활용을 통해 집중 요인이 향상되어도 이를 통해 성과는 향상될 수 있으나 삶의 만족 자체에 영향을 미치지 않는 것으로 나타나 조화열정, 긍정정서와는 달리 집중 요인은 지각된 성과에만 영향을 미친다는 사실을 발견할 수 있었다. 결국 본 연구에서는 조직원의 강점활용을 어떻게 향상시키느냐에 따라 조직원의 지각된 성과는 물론 그들의 삶의 만족을 긍정적으로 이끌어 낼 수 있음을 검증함으로써 강점활용의 이론에 기여하고 조직 내 구성원의 강점활용의 영향 범위와 강화의 중요성에 대한 시사점을 제시하고자 했다.

마지막으로 조직 내 강점활용과 지각된 성과의 관계에서 조직원의 강점활용수준 집단별 차이가 있는지 알아보기 위해 조직 내 구성원의 조화열정과 집중이 지각된 성과에 미치는 영향과 이 관계에서 강점활용의 집단 별 차이를 비교 분석하는 연구모형을 설계하고 국내 기업 내 조직구성원 총 460명을 대상으로 수집된 설문을 통해 분석하였다. 분석결과 조직원들의 조화열정과 집중은 지각된 성과에 긍정적인 영향을 미치는 것으로 나타났다. 특히 조화열정과 지각된 성과의 관계에서는 강점활용 정도에 따른 고집단과 저집단을 비교했을 때 고집단에서만 유의미한 관계가 나타나는 것으로 확인되어 조화열정과 같은 조직원의 심리적 변인들을 성과로 연결시키는데 있어서 강점활용이 영향요인으로 작용할 수 있음을 확인할 수 있었다.

본 연구는 긍정심리학에 뿌리를 둔 긍정조직행동 관점에서 조직의 강점활용이 개인과 조직에게 미치는 잠재적 유익을 실증적으로 제시했다는데 그 의의가 있으며, 조직 구성원들의 심리적 동기 변인인 강점활용의 중요성을 강조하고, 그 활용방안을 모색하고자 했다.

주제어 : 긍정심리학, 긍정조직, 긍정조직행동, 강점활용, 지각된 성과, 삶의 만족, 조화열정, 긍정정서, 집중, 집단별 차이

목 차

IV. 조직원의 조화열정과 집중이 지각된 성과에 미치는 영향 : 강점활용 집단별 차이 비교를 중심으로 47

V. 결론 및 시사점 59

표목차

그림목차

I 서 론

제1절 연구의 배경

급변하는 경영환경 안에서 기업의 불확실성 증가와 글로벌 초경쟁 상황이 기업 생존의 새로운 도전이 되고 있다. 이러한 환경 안에서 최근 조직들은 조직원들에게 주도적이며, 협업을 잘 하고, 자신 스스로에 대한 전문적 개발에 기반을 둔 높은 성과수준을 요구하고 있다. 때문에 직원들은 많은 에너지와 헌신, 높은 업무 몰입도를 필요로 한다. 그러나 갤럽의 2009-2010 세계 직원 몰입도 조사에 따르면 현재 세계 142개국의 직원 중 13%는 자신의 업무에 몰입되어 있으나 적극적으로 비몰입된 직원들, 즉 부정적이고 자신이 속한 조직에 잠재적으로 적대적일 수 있는 직원들이 몰입된 직원들보다 매우 많은 것으로 나타났다. 업무에 몰입하는 한국 직장인 비율은 전체의 11%에 불과하며 67%는 업무에 집중하지 못하고, 22%는 적극적 비몰입 상태로 업무에 오히려 부정적인 영향을 미칠 수 있는 것으로 조사됐다. 조직원들을 몰입시키기 위해서는 새로운 대안이 필요하다. 오늘날 조직은 물리적, 재정적, 기술적 자원처럼 전통적이며 부족한 자원으로는 효과적으로 관리할 수 없다(Bakker & Schaufeli, 2008). 따라서 우수하고 안정적이며 경쟁우위를 확보하는 방법으로 조직원들의 몰입도를 높이기 위해서는 새로운 패러다임으로의 전환이 필요하며, 이러한 대안 중 하나가 심리학에 도입된 긍정심리학(Positive Psychology)이다. 이는 사람의 긍정적인 경험, 특성, 그리고 태도가 개인적인 삶의 과정뿐만 아니라 조직에도 영향을 줄 수 있기 때문이다. 심리학 분야에서의 긍정심리학의 발전과 더불어, 조직연구 분야에서도 긍정심리학을 어떻게 응용할 것인가에 대한 논의와 연구가 진행되어 왔으며, 이러한 노력은 크게 긍정조직학(Positive Organizational Scholarship:POS)과 긍정조직행동(Positive Organizational Behavior:POB)의 두 가지 흐름으로 발전되고 있다. 두 가지 연구흐름 모두 부정적인 측면보다는 긍정적인 측면에 초점을 맞추고 있으며 과학적인 연구접근법과 방법론에 따라 연구결과를 축적하고 있다는 공통점을 지니는 반면, 구체적인 연구 영역에서 차이를 보이고 있다(이동섭·조봉순·김기태·김성국·이인석·최용득, 2009). 국내에서도 새로운 연구와 실천적 시도들이 있어 왔으나 연구 내용과 결과에 대한 체계적인 연구는 제대로 이루어지지 않고 있다.

또한 조직행동 관점에서 성과를 내는데 가장 큰 역할을 하는 중요한 자원은 조직 구성원이기 때문에 조직들은 구성원들이 몰입하고 만족할 수 있는 환경에 영향을 미치는 요인들에 대해 높은 관심을 가질 수 밖에 없다. 이러한 조직몰입과 직무만족에 영향을 설명해주는 모델 중 하나가 직무요구-직무자원모델(Job Demands-Resources Model: 이하 JD-R 모델)이다(Bakker *et al.*, 2003; Bakker & Demerouti, 2007; Boyd *et al.*, 2011). Bakker *et al.*(2003)이 주장한 JD-R 모델을 통해 이해할 수 있듯 조직의 직무 요구(job demands)는 스트레스 혹은 동기부여로 발전하는 근본적인 두 가지 심리적 과정을 거치게 되며, 직무요구(job demands)는 인간의 가장 주된 동기인 자원의 유지 및 축적을 향하게 하지 못하게 방해하고 압박하며 결국에는 자원을 소진하게 하는 긴장된 절차(strain process)를 거친다고 설명하고 있다. 그러나 최근 기술의 발전은 지속된 리엔지리어링과 조직 축소를 가속화하면서 조직 내 개인의 업무량을 늘이고 업무 지향적인 조직 문화를 만들어 냄으로써 과다한 직무요구를 만들어 내고 있다. 반대로 직무자원(job resources)은 자원을 유지하고 축적하게 하며 동기를 유발하게 하는 동기적 절차(motivational process)를 거친다. 때문에 조직원에 대한 보다 나은 작업 조건을 제시하여 스트레스를 감소시키고 동기부여를 자극하는 직무자원을 넓히는 것은 건강하고 지속적인 성장을 이끌어내기 위한 조직의 중요한 역할이다.

기존 많은 연구들은 개인들이 가지고 있는 자기 효능감, 자부심 등과 같은 직무자원이 조직원들이 직무 환경에 적응하는데 중요한 결정적인 역할을 한다고 설명해왔다. 특히 최근 POB 연구들은 조직의 업무 환경에서 개입이 가능하며 직무요구를 완화시키고 내재적 동기부여를 활성화할 수 있는 새로운 직무자원으로 강점을 소개하고 있다. 아직 많이 사용되지 않은 조직 내의 자원들 중 하나는 조직원들의 강점이고 개인 강점을 적극적으로 사용하는 조직원들이 직무요구에 더 잘 대응한다는 것을 검증하였다(van Woerkom, 2016). Peterson & Seligman(2004)은 성격 강점을 사고, 정서 및 행동에 반영되어 있는 인간의 긍정적 특질을 의미하는 것으로 좋은 삶의 영위와 최적 기능의 발현이라는 긍정심리학의 목적 달성에 있어서 중요한 특성임을 강조하였다. 조직원 개인의 지각된 강점활용에 대한 조직의 지지는 조직원의 업무량과 정서적 직무요구에 적극적 지지를 이끌어 낼 수 있으며, 조직원들의 성과를 개선하는데 도움이 될 수 있다.

강점활용은 기존에 인사조직 쪽에서 많이 다루어지는 업무 몰입이나 조직 만족 등과 같은 변수들과의 관계보다 조직원의 심리적 정서와 관련된 연구 측면에서 논의된다(Linley *et al.*, 2010). 즉 강점활용은 단순히 팀 성과와 조직 성과와의 상관관계에서 논의 될 수 있는 변수가 아니라 개인이 가지는 심리적, 정서적 특성을 통해 고취되는 열정, 긍정 정서, 집중, 활력, 자부심(self esteem)과 에너지 등과 같은 심리적 요인 기반의 성과와 연결되기 때문에 이러한 변인들에 대한 연구들이 필요하다는 논의가 계속해서 제기되고 있다(Asplund & Blacksmith, 2012; Peterson *et al.*, 2010).

그러나 국내외 모두 조직적 측면에서의 강점활용에 대한 연구는 충분하지 못하며 특히 조직에서 개인 차원이나 팀 차원의 성과와 연계된 실증연구가 부족하여 조직적 측면에서의 강점활용에 대한 중요성이 충분히 강조되지 못하고 있다(Dubreuil, 2014; Kong & Ho, 2016; 김혜민, 2012).

제2절 연구의 목적

긍정심리학과 긍정조직에 대한 연구는 2000년 이후 활발하게 진행되고 있으며 다양한 연구들이 조직에 어떤 부가가치를 제공하고 있는지에 대한 포괄적인 문헌연구들이 여러 시각에서 발표되고 있다(Donaldson & Ko, 2010; Mills *et al.*, 2013; Meyers *et al.*, 2013; Newman *et al.*, 2014; Donaldson *et al.*, 2015). 이 연구들은 긍정심리변수들이 조직에 실제로 어떻게 적용되고 개입될 수 있으며 어떤 성과를 내고 있는지에 대한 통찰을 제공함으로서 조직 행동론에 대한 새로운 관점을 제시하고 있다. 또한 이 분야에서의 이론 정립과 연구 적용면에서 도움을 주고 있다.

국내에서도 조직연구 분야에서의 긍정심리학의 적용은 인적자원관리와 조직 경영에 새로운 접근법으로 이론 및 실천적으로 큰 활력과 시사점을 주고 인간의 일반적인 삶과 조직생활에 대해 더욱 깊은 통찰을 제공해 줄 것이라고 언급한바 있다(이동섭 등, 2009). 그 후 국내에서도 조직행동에서의 긍정 심리 및 긍정조직 연구는 다양한 맥락에서 이론적 실증적으로 확대되었다. 그러나 2005년 연구가 시작된 이후 조직연구에 있어서 긍정심리학을 조직에 적용한 연구들의 결과와 조직경영에서의 시사점에 대해 체계적으로 분석한 연구는 거의 없다.

이에 본 연구에서는 긍정심리학과 긍정조직에 바탕을 둔 조직행동에 대한 국내연구 동향을 분석하여 향후 연구 방향을 위한 기초자료를 제공하고, 조직 내 조직원들의 긍정심리 및 긍정조직 활동을 강화할 수 있는 다양한 연구 방향과 시사점을 제언하고자 한다.

이에 본 연구의 목적은 첫째, 긍정심리학 기반 연구들에 대해 지난 11년간 각 학문별 전반적인 연구 트렌드, 변화 추이와 주요관심사를 살펴보고, 경영학에 있어서 좀 더 심도 있게 긍정조직 행동 연구에 적용된 주요 개념과 이론, 방법론, 실증연구에 있어 주요 변수들의 현황을 살펴봄으로써 향후 긍정조직행동 관련 연구 문제들에 대한 연구방향과 연구방법에 대한 기초적인 자료를 제공하고, 그 동안 긍정조직행동 연구들이 경영학적으로 어떤 의미를 가지고 연구가 진행되어 왔는지를 살펴보고자 한다. 특히 경영학에서의 긍정조직행동과 긍정조직학에 대한 연구 주제와 발전적 연구 방향을 모색하기 위해 보다 실제적이고 발전적인 조직 내 조직원들의 긍정심리변수들을 강화할 수 있는 다양한 연구방향과 조직 개발을 위한 시사점을 제공하고자 했다.

둘째, 긍정심리학의 대표적 심리변수인 조직원의 강점활용과 개발이 업무 성과 향상은 물론 조직원 개인의 삶의 만족에 긍정적 영향을 미친다는 많은 선행연구들이 소개되어져 왔다. 그러나 이러한 주장들을 뒷받침 할만한 실증연구들은 국내에서는 아직까지 미비한 실정이다. 또한 강점활용이 POB 변수로서의 역할을 확인해 보고자 한다. 이에 조직 구성원의 직장생활에서 가지는 일과 삶의 만족에 대한 두 가지 측면을 모두 반영하여, 조직 내 구성원 개인의 강점활용이 실제 조직 내 지각된 성과와 삶의 만족에 긍정적 영향을 미치는지 확인하고자 했다. 특히 이러한 관계구조에서 강점활용이 개인의 조화열정, 긍정정서, 집중 요인을 통해 지각된 성과와 삶의 만족으로 연결되는 경로모형을 검증함으로써 강점활용의 이론에 기여하고 조직 내 구성원의 강점 활용의 영향 범위와 강화의 중요성을 시사하고자 했다.

셋째, 조직 내 강점활용과 지각된 성과의 관계에서 조직원의 강점활용수준에 따른 집단별 차이가 있는지 알아보기 위해 강점활용을 함으로써 영향을 미칠 수 있는 조직원 개인의 심리 변수들 중 개인의 특성과 업무를 수행하는 과정에서 개인이 보일 수 있는 업무수행 행동이 지각된 성과에 영향을 줄 수 있다는 면에서 조화열정과 집중을 변수로 선택하여 강점활용 수준차이에 따른 두 집단 간 차이를 실증적으로 분석함으로서 강점활용을 통한 조직원의 개인 역량 강화 및 조직 성과 향상에 대한 구체적인 관계성을 입증하고자 한다.

제3절 연구의 구성

본 연구는 〈표 1〉과 같이 총 5개의 장으로 구성되어 있다. 1장에서는 "긍정심리학 기반 강점활용이 지각된 성과와 삶의 만족에 미치는 영향"에 대한 학문적, 실무적 연구 배경과 목적을 서술하여 밝히고자 하였다. 2장에서는 국내 긍정심리학 기반 연구들에 대한 문헌연구를 토대로 국내 긍정조직 연구 동향, 조직에서의 강점활용과 이론적 연구 결과를 기술하였다. 국내 긍정심리학 기반 연구와 긍정조직 연구 동향에서는 학문별 학술지 연구발표 동향, 시기별 연구발표 동향, 경영학 관점에서의 연구 동향, 그리고 조직에서의 강점 활용에서는 강점이 조직에서의 지각된 성과와 삶의 만족에 미치는 영향에 대한 연구결과들과 이에 대한 이론적 논의를 기술하였다. 3장과 4장은 국내 조직원들을 대상으로 실증분석을 실시한 결과를 기술하였다. 3장에서는 강점활용의 효과성을 검증하는 목적으로 강점 활용이 지각된 성과와 삶의 만족에 미치는 영향을 구조방정식을 통해 분석하였다. 4장에서는 강점활용 자체가 아니라 강점활용수준 집단별 차이가 있는지 알아보기 위해 조직원의 조화열정과 집중이 지각된 성과에 미치는 영향을 강점활용 집단별 차이 비교를 중심으로 구조적 영향 관계를 구조방정식을 통해 분석하였다. 5장에서는 국내 긍정심리학 기반 연구들과 긍정조직 연구 동향에 대한 문헌연구와 국내 조직원들을 대상으로 수행한 강점활용 영향요인과 지각된 성과요인간의 관계에 대한 실증연구의 결과를 토대로 결론을 도출하고, 조직에서 조직구성원들의 개인 강점을 인지하고 활용하는 것의 중요성에 대한 전략적 시사점과 활성화를 위한 방안을 논의하고자 했으며, 연구의 한계와 후속 연구를 위한 과제를 제시하였다(〈그림1〉 참조).

【표 1】 논문의 구성 및 연구 유형

논문구성	제목	연구유형
제 I장	서론	
제 II장	이론적 배경	문헌연구[1)
제 III장	강점활용이 지각된 성과와 삶의 만족에 미치는 영향 : 조화열정, 긍정정서, 집중의 매개효과를 중심으로	실증연구[2)
제 IV장	조직원의 조화열정과 집중이 지각된 성과에 미치는 영향 : 강점활용 집단별 차이 비교를 중심으로	실증연구[3)
제 V장	결론 및 시사점	

1) 이혜숙, 김보영(2016), "조직행동 관점에서의 국내 긍정심리 및 긍정조직 연구동향 분석," 기업연구저널, 11(2), 1-26에서 발췌하여 재편집하였다.

2) 이혜숙, 김보영(2016), "강점활용이 지각된 성과와 삶의 만족에 미치는 영향 : 조화열정, 긍정정서, 집중의 매개효과를 중심으로", 조직과 인사관리연구, 40(4), 69-94에서 발췌하여 재편집하였다.

3) 이혜숙, 김보영(2016), "조직원의 조화열정과 집중이 지각된 성과에 미치는 영향 : 강점활용 집단별 차이 비교를 중심으로", 한국콘텐츠학회논문지, 16(12), 781-793에서 발췌하여 재편집하였다.

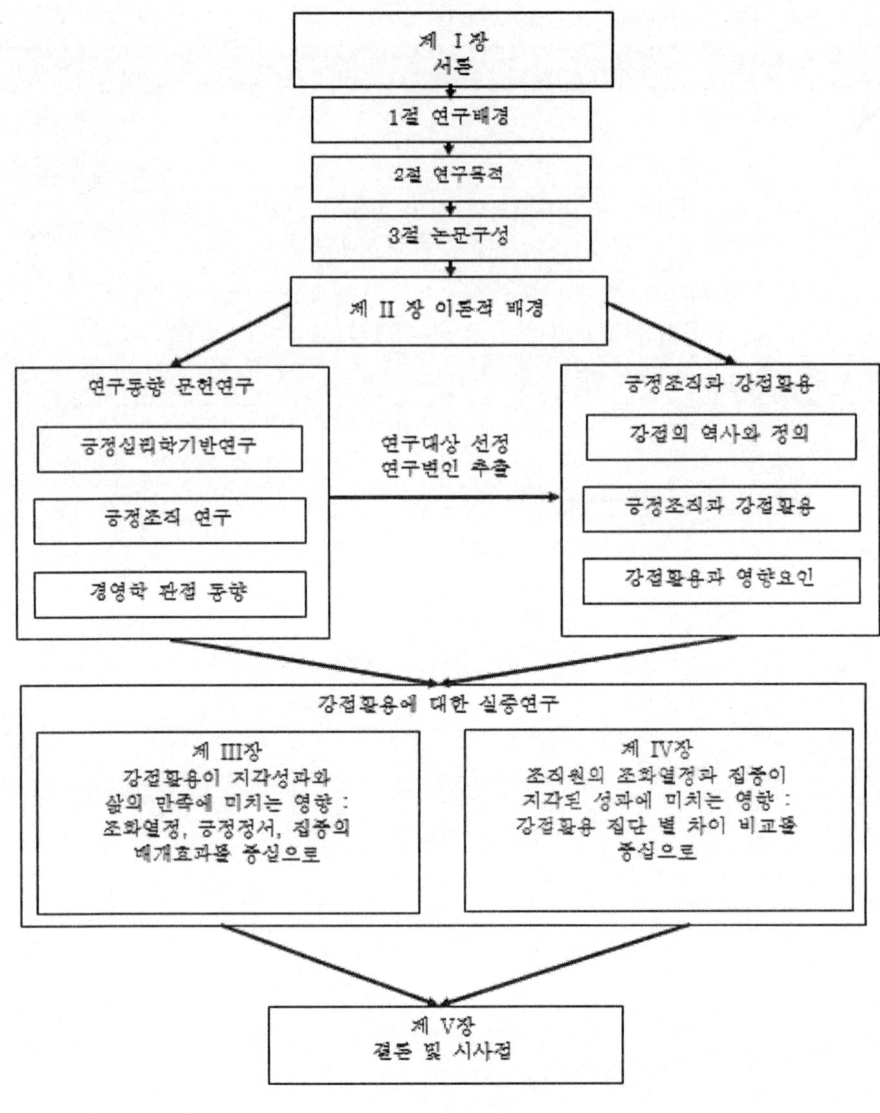
제 I장
서론
1절 연구배경
2절 연구목적
3절 논문구성
제 II 장 이론적 배경
연구동향 문헌연구
긍정심리학기반연구
긍정조직 연구
경영학 관점 동향
연구대상 선정
연구변인 추출
긍정조직과 강점활용
강점의 역사와 정의
긍정조직과 강점활용
강점활용과 영향요인
강점활용에 대한 실증연구
제 III장
강점활용이 지각성과와
삶의 만족에 미치는 영향 :
조화열정, 긍정정서, 집중의
매개효과를 중심으로
제 IV장
조직원의 조화열정과 집중이
지각된 성과에 미치는 영향 :
강점활용 집단 별 차이 비교를
중심으로
제 V장
결론 및 시사점

▌그림 1▐ 논문 구조도

II 이론적 배경

제1절 국내 긍정심리학 기반 연구 동향

(1) 국내 긍정심리학 기반 연구 추이 및 동향 분석

1) 학문별 학술지 긍정심리학 기반 연구발표 동향

긍정심리학과 긍정조직에 관한 연구 구분이나 전문 학술지가 아직 명확하게 존재하지 않고 다양한 분야에서 연구가 이루어지고 있기 때문에 핵심 키워드를 기준으로 분석의 기초가 되는 문헌들을 선정하였다. 긍정심리학과 긍정조직 관련 연구들은 특정학문에만 국한되어 있지 않고, 여러 분야에 걸친 학제 간 연구나 복합학에서도 긍정심리학 관련 연구를 다루고 있어 전체의 논문을 대상으로 검색하였다. 문헌 검색은 한국연구재단에서 운영 중인 한국학술지인용색인(Korea Citation Index, 이하 KCI) 및 한국교육학술정보원 사이트를 활용하였다. 또한 최근 긍정심리학 관련 석 박사 학위논문이나, 연구동향에 대한 전망들은 많이 배출하고 있으나 학회 발표, 기고문, 일반학술지는 포함시키지 않고 등재 학술지 논문 236편과 등재후보 학술지 논문 30편 총 266편의 긍정심리학 관련 연구를 분석하였다.

논문은 일차적으로 한국학술지인용색인에서 383편과 한국교육학술정보원에서 460편의 논문을 연구자, 연구년도, 연구주제, 학술지명, 주제 분야, 국·영문키워드, 초록 등을 구분하여 검색한 뒤 연구주제, 연구자, 학술지명을 비교하여 중복된 논문 555편을 제외하였다.

전체 288편의 논문을 긍정심리학을 프레임워크로 하고 있는지 초록과 키워드를 읽고 검토해 이 중 긍정심리학의 렌즈로 보지 않았다고 판단되는 논문 22편을 제외하고 266편을 분석대상으로 선정하였으며 선정된 논문을 연구년도, 연구주제, 학술지명, 주제 분야, 국문키워드, 영문키워드, 연구방법론, 초록 등으로 구분 분석하였다. 2차적으로 논문 내용을 리뷰하여 조직의 구성원을 대상으로 하는 긍정심리학 기반 긍정조직에 관한 연구 141편을 추출하였으며, 이 중 경영학 학술지 논문들 44편을 별도로 분석하였다.

국내에서는 2005년 유현숙이 아시아여성연구에 '여성자본의 실태와 활용방안에 관한 연구─여성의 인적자본 · 사회자본· 심리적 자본을 중심으로'를 발표하고, 같은 해에 이창호가 '청소년들의 수월성 획득을 위한 플로우(Flow) 촉진 프로그램과 그 효과의 분석'을 상담학연구에 발표하면서 긍정심리학 관련 연구가 시작되었다.

▌표 2▐ 학술지 성격별 학술지 발표 수 동향

대분류	중분류	문헌수
공학	공학일반 (2), 안전공학 (1)	3 (1.1%)
복합학	학제간 연구(9), 과학기술학(1), 복합학(1), 여성학(1)	12 (4.5%)
사회과학	교육학(65), 경영학(50), 심리과학(40), 관광학(29), 행정학(10), 기타사회과학(8), 사회과학일반(6), 사회복지학(4), 사회학(3), 경제학(1), 신문방송학(1), 정치외교학(1), 무역학(1), 사회과학(3), 지역개발(1)	223 (83.3%)
예술체육	체육(6), 무용(2)	8 (3.0%)
의약학	정신과학(4), 가정의학(2), 간호학(2)	8 (3.0%)
인문학	기독교신학(6), 철학(2), 종교학(1)	9 (3.4%)
자연과학	생화과학(3)	3 (1.1%)
합계		266 (100%)

주 : 괄호 ( )는 등재학술지 또는 등재후보 학술지의 논문 게재 수

2005년 이후 10년간 긍정심리학의 영향을 받은 연구들은 대부분의 학문 분야에서 광범위하게 이루어졌으며, 총 266편의 논문이 발표되었다.

137개의 등재 및 등재 후보지에 게재되었으며 이는 2016년 1월 기준 KCI 색인 총 2,232편의 등재(1,907편) 및 등재후보학술지(303편) 중 6.1%에 달한다. 총 266편의 연구는 사회과학 분야의 등재 및 등재 후보 학술지에 83.8%, 복합학 4.5%, 인문학 3.4%, 의약학 3.0%, 예술체육 3.0%, 자연과학 1.1%, 공학 1.1%순으로 나타났으며, KCI 기준의 학문 대분류 기준으로 볼 때 농수해양을 제외하고는 모든 분야에서 최소한 1개 이상의 학술지에 발표되었음을 보여준다.

KCI기준의 학문 중분류 기준으로 보면 교육학 24.4%, 경영학 18.8%, 심리과학 15%, 관광학 10.9% 순으로 학술지에 게재되었다. 이는 긍정심리학 연구가 짧은 역사임에도 학문 간의 경계를 없애고 연구 영역을 교육학, 정치학, 공공위생, 뇌과학, 리더십, 경영학, 조직학 등으로 확산되고 있음을 보여주고 있다(Donaldson, 2010).

2) 시기별 긍정심리학 기반 연구발표 동향

긍정심리학 기반 연구는 2005년부터 발표되고 있으며 11년의 연구기간중 2010년 이후 발표된 최근 6년간의 논문 비중이 전체 89.8%로 나타나 2010년이후 연구가 활발해짐을 보여주고 있다(〈그림 2〉 참조). 특히 가장 많은 비중을 차지하고 있는 사회과학 분야에서는 최근 10년간 연구 비중을 보면 90.1%로 223편의 연구가 발표되었다.

학술지별 분석 결과 관광레저연구에 9편으로 가장 많은 연구가 게재되었고, 한국심리학회지: 산업 및 조직에 8편, 대한경영학회지, 한국심리학회지: 건강, 인적자원관리연구에 각 7편씩, 도덕윤리과교육, 경영교육연구, Andragogy Today, 한국콘텐츠학회 논문지에서 각 6편씩 게재되었다. 5편이상의 연구논문을 게재한 학술지는 10개로 전체연구의 7.2%를 차지하고 있다. 논문이 게재된 137개의 학술지 중 1편의 논문만 게재된 학술지는 79개, 2편의 논문이 게재된 학술지는 28개로서 11년

간 2편 이하가 게재된 학술지가 전체의 78.1%로 나타나 긍정심리학 기반의 논문들이 광범위하게 발표되고 영향을 주고 있지만, 지속적인 연구는 특정분야에 한정되어 있는 것으로 나타났다.

▌그림 2▐ 연도별 학문별 학술지 발간 현황

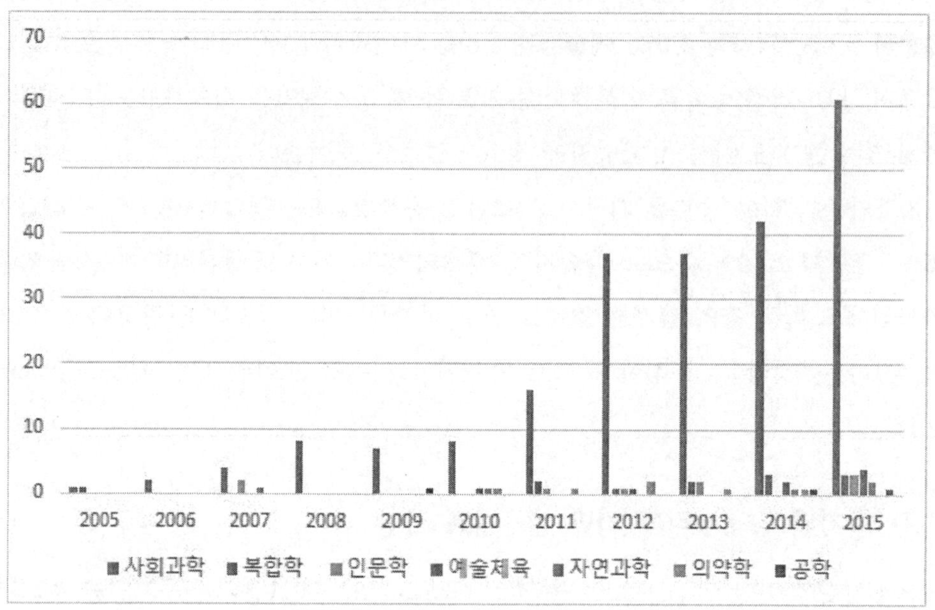

3) 연구방법론별 동향

〈그림 3〉이 보여주는 바와 같이 질적연구는 59편으로 22.2%로 나타난 반면, 양적연구는 207편으로(77.8%) 다수를 차지하고 있다. 긍정심리학 관련 연구가 발표되기 시작한 2005년부터 양적연구가 질적연구보다 더 많았으며, 2010년 이후에는 그 비중이 급격히 확대되고 있는 것으로 나타나 최근 5년 동안은 양적연구가 무려 79%를 상회하고 있음을 확인해 볼 수 있다.

질적연구 59편중 46편이 사회과학으로 분류되고 이 중 37편이 각각 교육학 22편, 심리과학 8편, 경영학 7편이다. 그 중 교육학은 2011년부터 꾸준히 문헌연구를 게재하고 있다. 경영학에서는 이동섭 등(2009)이 2009년 처음 긍정심리학이 조직에 어떻게 적용될 수 있는지 소개하였고, 그 이후의 4편은 긍정탐구 3편, 1편은 긍정심리자본에 관한 것으로 매 년 한편씩 발표되고 있다.

▌그림 3▐ 연구 방법론별 현황

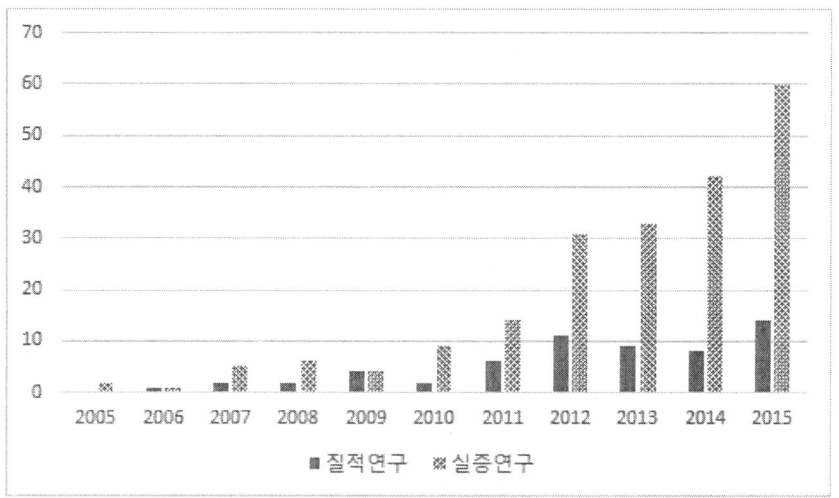

(2) 국내 긍정조직 연구 동향 분석

1) 학문별 학술지별 긍정조직 연구 동향

〈표 3〉에서 볼 수 있듯이 조직 구성원을 대상으로 한 연구들의 학문별 학술지 게재 비중을 보면 사회과학 분야에서 89.4.%로 가장 높았고 복합학 5%, 의약학 2.1%, 이어 예술체육 1.4%, 인문학, 자연과학, 공학은 각각 0.7%로, KCI 학문의 대분류 기준에서 농수해양을 제외하고는 최소한 1개 이상의 학술지 발표가 있었다. 중분류로는 경영학 31.2%, 관광학 19.9%, 교육학 18.4%, 행정학 7.1%, 심리과학 6.4%, 순으로 학술지에 많이 게재되었다.

Ⅰ표 3Ⅰ 학문별 학술지별 긍정조직 연구 동향

대분류	중분류	문헌수	비중
사회과학 (126)	경 영 학	44	31.2%
	관 광 학	28	19.9%
	교 육 학	26	18.4%
	행 정 학	10	7.1%
	심 리 과 학	9	6.4%
	사회과학일반	3	2.1%
	사 회 과 학	2	1.4%
	기타사회과학	1	0.7%
	경 제 학	1	0.7%
	사회복지학	1	0.7%
	지 역 개 발	1	0.7%
복합학 (7)	학제간연구	6	4.3%
	과학기술학	1	0.7%
의약학(3)	간 호 학	2	1.4%
	정 신 과 학	1	0.7%
예술체육 (2)	무 용	2	1.4%
인문학(1)	철 학	1	0.7%
자연과학 (1)	생 활 과 학	1	0.7%
공학 (1)	공 학 일 반	1	0.7%
합계		141	100.0%

2) 연도별 긍정조직 연구 동향

조직에 긍정심리학을 적용한 연구는 2007년부터 게재되기 시작하였으며, 95.7% 이상이 2010년 이후에 발표되었다. 긍정조직 연구는 2010년을 기점으로 연구수가 급증하고 있다. 2010년 이전에는 사회과학 분야에서도 경영학, 심리과학, 행정학 분야에서만 6편의 논문이 게재되었고, 2010년 이후에는 120편이 발표되었으며 다양한 학문으로 연구가 확대됨을 볼 수 있다.

❚표 4❚ 연도별 긍정조직 연구 동향

구분	'07	'08	'09	'10	'11	'12	'13	'14	'15	합계
사회과학	2	2	2	4	7	20	26	25	38	**126**
인문학	0	0	0	0	2	1	0	3	1	**7**
복합학	0	0	0	0	0	0	0	1	1	**2**
예술체육	0	0	0	1	0	0	0	0	1	**1**
의학	0	0	0	1	0	0	1	0	2	**3**
자연과학	0	0	0	1	0	0	0	1	0	**1**
공학	0	0	1	0	0	0	0	1	0	**1**
합계	**2**	**2**	**2**	**4**	**9**	**21**	**27**	**31**	**43**	**141**

2008년에 국내 대표적인 조직과학 관련연구 학술지인 '한국심리학회지'와 '인사조직연구'를 긍정조직(심리학)이라는 키워드로 검색해보면 이에 해당하는 연구가 하나도 발견되지 않을 만큼(이지영·김명언, 2008) 국내에서 긍정조직 연구는 해외만큼 활발하게 이루어지지 못하고 있는 실정이라고 했는데 그 이후 7년 동안 137편의 연구가 이루어진 것은 관심이 크게 늘고 있음을 보여준다.

학문별로 살펴보면 조직을 대상으로 하는 연구인만큼 경영학에서 관련 연구가 2007년 이래 꾸준히 발표되고 있으며 다른 학문 분야에 비해 많은 논문들이 게재되고 있는 것으로 나타났다. 이는 특히 차별화된 서비스의 제공으로 고객만족을 통한 경쟁우위를 갖는 호텔, 외식, 항공사 등이 구성원들의 직무태도에 영향을 미치는 개인차원의 중요한 변수로 긍정조직행동에 대한 연구들이 증가하고 있음을 보여준다(Osman & Georgiana, 2015).

3) 연구방법론별 동향

연구 설계 방법을 문헌연구, 사례연구, 설문연구, 실험연구로 구분하고 어떠한 연구 설계 방법을 활용하였는지 분석하였다. 〈표 5〉에서 보는 바와 같이 141편의 게재논문 중에 123편(87.2%)이 설문 연구 방법을 사용한 것으로 나타남으로써 설문연구 방법에 대한 의존도가 매우 높음을 알 수 있다. 설문연구는 2012년에 게재논문 수가 20편을 넘었고 그 이후 꾸준히 증가해 2015년에는 35편이나 발표되었다. 그 다음으로는 문헌연구가 11편 (7.8%)이고 실험연구와 사례연구는 각각 4편, 3편으로서 극소수에 그치고 있다. 설문연구는 2010년 이후 지속적으로 증가하고 있으며 실험연구는 2014년에 처음으로 게재되었고 2015년에는 3편으로 늘었다. 사례연구는 2012년, 2014년, 2015년에 각각 1편씩 발표되었다.

| 표 5 | 연구방법론별 긍정조직 연구 동향

구분	'07	'08	'09	'10	'11	'12	'13	'14	'15	합계
문헌연구	0	1	1	1	0	0	2	2	4	**11**
설문연구	2	1	1	3	9	20	25	27	35	**123**
실험연구	0	0	0	0	0	0	0	1	3	**4**
사례연구	0	0	0	0	0	1	0	1	1	**3**
합계	**2**	**2**	**2**	**4**	**9**	**21**	**27**	**31**	**43**	**141**

(3) 경영학 관점에서의 긍정조직 연구 동향 분석

1) 연도별 학술지별 발간 현황

타 학문 분야에서도 마찬가지이지만 경영학에서도 2010년을 기점으로 연구수가 증가하고 있다. 〈표 6〉에서 보듯이 2010년 이전에는 3편의 논문이 2010년 이후에는 41편이 발표되었고(93.2%) 다양한 분야로 확대되고 있는 추이이다.

| 표 6 | 연도별 학술지별 발간 현황

학술지명	'07	'08	'09	'10	'11	'12	'13	'14	'15	합계
인적자원관리연구					1	1	4		1	**7**
대한경영학회지				1			3	1	1	**6**
경영교육연구					2		1	1		**4**
한국항공경영학회지						2			1	**3**
경영과 정보연구								2		**2**
경영학연구				1		1				**2**
글로벌경영학회지								2		**2**
생산성논집	1	1								**2**
기업경영연구									2	**2**
인사조직연구			1						1	**2**
인적자원개발연구						1			1	**2**
고객만족경영연구				1						**1**
경영연구									1	**1**
한일경상논집						1				**1**
경영컨설팅연구									1	**1**
창조와 혁신									1	**1**
경성대학교 산업개발연구소									1	**1**
충남대학교 경영경제연구소									1	**1**
합계	**1**	**1**	**1**	**3**	**3**	**7**	**9**	**7**	**12**	**44**

긍정조직 관련 경영학 발표 논문 44편은 19개 학술지에 발표되었으며 이는 경영학 학술지 총 76개중 19개로 전체 25%에 발표되었다. 등재지 60개중 15개, 등재후보지 16개 중 4개의 학술지에 게재되었다. 인적자원관리 연구 7편, 대한경영학회지 6편, 경영교육연구 4편, 조직과 인사관리연구와 한국항공경영학회지에 각 각 3편으로 특정 학술지에 중심으로 게재되기 보다는 고루 게재되고 있음을 볼 수 있다.

2) 경영학 내 긍정조직 연구의 연구방법론 동향

긍정조직연구는 〈표 7〉에서 보듯이 방법론 측면에서 실증연구에서는 설문연구만 질적 연구에서는 문헌연구만 게재되었고 설문연구가 88.6%, 문헌연구 11.4%로 설문연구가 주류로 분석되었다. 설문연구는 2010년 이후 94.9%가 발표되었고 문헌연구는 2013년 이후 80%가 게재되었다

❙ 표 7 ❙ 경영학 관점 긍정조직 연구의 연구방법론 동향

구분	'07	'08	'09	'10	'11	'12	'13	'14	'15	합계
설문연구	1	1	0	3	3	7	7	6	11	**39**
문헌연구	0	0	1	0	0	0	2	1	1	**5**
합계	**1**	**1**	**1**	**3**	**3**	**7**	**9**	**7**	**12**	**44**

긍정조직에 대한 연구들은 긍정조직행동의 대표적인 변수인 긍정심리자본이 44편 중 39편이고, 긍정탐구와 긍정탐구 리더십에 관한 것이 4편 긍정심리학을 어떻게 조직에 적용할 수 있는지 소개하는 논문이 1편이다.

❙ 표 8 ❙ 경영학 관점 긍정조직 연구의 주요 키워드 동향

구분	'07	'08	'09	'10	'11	'12	'13	'14	'15	합계
긍정심리자본	1	1	0	3	3	7	7	5	12	**39**
긍정탐구	0	0	1	0	0	0	2	2	0	**4**
긍정심리학 적용	0	0	1	0	0	0	0	0	0	**1**
합계	**1**	**1**	**1**	**3**	**3**	**7**	**9**	**7**	**12**	**44**

실증연구 39편을 보면 38편이 긍정심리자본을, 1편은 긍정탐구리더십에 관한 것이다(〈표 8〉 참조). 이는 긍정조직에 대한 연구가 증가하고 있지만 연구 영역이 긍정조직행동의 대표변수이며 자기효능감, 희망, 낙관주의, 복원력이라는 4가지 상태적인(state-like)인 특성들을 지닌 변수들의 상위요인으로서 변화와 개발이 가능한 긍정적인 심리적 자원으로 정의되는(Luthans & Youssef, 2004) 긍정심리자

본에 치중되어 있고 다른 중요한 개념들을 변수화시켜서 한 실증연구는 거의 없다는 사실을 확인해 준다.

3) 실증연구 변수 분석

경영학 내 긍정조직을 주제로 다룬 실증연구 39편의 종속변수는 모두 51개이며 (연구는 39편이나 종속변수 2개인 연구 8편, 3개인 연구 2편) 이를 다시 태도, 행동, 성과로 (Newman *et al.*, 2014) 나누어 보면 구성원의 태도에 대한 것이 29개로 가장 많고 성과를 다룬 것이 13개, 행동에 관한 것이 9개로 분류할 수 있다.

태도에는 조직몰입과 직무만족이 각각 8편, 7편으로 제일 많고 직무몰입 3편, 이직의도, 정서적 몰입, 조직변화몰입이 각 2편씩, 직무열의, 서비스 지향성, 스트레스, 직무소외는 1편씩이다. 행동은 조직시민행동 6편, 혁신행동 2편, 변화지향 조직시민행동 1편이다. 성과에는 혁신성과와 개인 창의성이 각 각 4편씩이고 지각된 성과 2편, 팀 성과와 조직 웰빙이 한편씩이다. 실증연구에 활용된 종속변수와 독립변수, 매개변수, 조절변수는 〈표 9〉와 같다. 39편의 실증연구에서 긍정심리학 핵심변수들이 연구에서 사용된 것을 보면 종속변수는 하나도 없고 독립변수로 17편, 조절변수 4편 매개변수로 쓰인 논문은 18편이다. 이 결과는 긍정심리 변수들의 개입효과성에 관한 문헌연구들에서도 긍정심리자본은 조직에서의 다양한 결과 변수들과 긍정심리 기반 개입사이에 매개변수로 사용되고 있음을 보여주고 있다 (Avey *et al.*, 2011; Cohn & Fredrickson, 2010; Fredrickson *et al.*, 2008).

| 표 9 | 실증연구 변수 분석

구분	독립변수	조절변수	매개변수	종속변수
김경재·정범구 (2007)	사회자본, 관계자본(신뢰) 인지자본(규범) 구조자본 (네트워크)	긍정심리자본		혁신성과, 조직운영성과 목표달성
김경재·정범구 (2008)	지적자본, 인적자본, 구조자본, 고객자본	긍정심리자본		혁신행동
이동섭·최용득 (2010)	변혁적리더십, 핵심변혁적 행동(비전제시, 역할모델, 집단목표육성), 유머(사용빈도)		긍정심리자본	지각된 성과, 상대적 성과
손은일 등 (2010)	긍정심리자본		사회적지지, 동료/상사지지	직무만족, 직무특성
박슬기 등 (2010)	긍정심리자본			조직몰입
정대용 등 (2011)	변혁적리더십, 카리스마, 동기부여, 개별적 배려, 지적자극, 리더의 유머		긍정심리자본	직무만족 직무 적합성 혁신성향
김주엽·김명수 (2011)	긍정심리자본		생애만족 (행복) 긍정적부정적 정서	직무만족
양필석·최석봉 (2011)	긍정심리자본		내재적 동기 과업수행의 만족과 성취감	직무만족

구분	독립변수	조절변수	매개변수	종속변수
김명수 (2012)	진성리더십, 관계적 투명성, 도덕적 관점, 균형잡힌 프로세싱, 자아인식		긍정심리자본	정서적 몰입
최용득 등 (2012)	리더의 유머 사용빈도	구성원의 리더 신뢰	긍정심리자본	지각된 성과
양필석·최석봉 (2012)	긍정심리자본		셀프리더십	직무만족
양필석·최석봉 (2012)	임파워링 리더십		긍정심리자본	조직변화몰입
박재춘 (2012)	긍정심리자본		조직몰입 이직의도	조직시민행동
정민주·박인혜 (2012)	긍정심리자본		내재적 직무 동기	직무열의
김지윤 등 (2012)	긍정심리자본		셀프리더십, 행동전략, 인지전략, 건설적 사고	조직시민행동 (이타주의, 배려행동, 신사행동, 참여행동)
김해룡·정현우 (2013)	감성리더십, 자기인식 능력, 자기관리 능력, 사회적 인식 능력, 관계 관리능력		긍정심리자본	변화몰입
이혜림 등 (2013)	긍정심리자본		긍정적 정서	개인창의성
홍권표·윤동열 (2013)	서번트리더십		희망	조직몰입, 정서적 몰입, 규범적 몰입

구분	독립변수	조절변수	매개변수	종속변수
윤소천 등 (2013)	소명의식(초월적 부름, 목적/의미, 친사회적 동)	정신적, 물질적 지원, 변혁적 리더십(카리스마, 개별배려, 지적자극)	긍정심리자본 조직 동일시	이직의도
김형진·심덕섭 (2013)	긍정심리자본		인적 자원개발 사회적 자본 개발	혁신행동
김주섭·박재춘 (2013)	조직문화 (관계문화, 혁신문화, 위계문화, 합리문화)		긍정심리자본	조직몰입
한봉주 (2013)	진성리더십		긍정심리자본	조직몰입, 정서적 몰입, 규범적 몰입, 지속적 몰입
김은실·백윤정 (2014)	긍정심리자본 사회적 자본			개인창의성
이윤성 등 (2014)	긍정심리자본			직무몰입, 조직몰입, 이직의도
김주엽·이혜진 (2014)	긍정심리자본		개인정서 (구성원정서)	직무만족, 직무소외
허명숙·천면중 (2014)	리더의 긍정, 부정 피드백	부정피드백 수용	긍정심리자본	개인창의성
이용탁 (2014)	긍정심리자본		직무만족	조직몰입
김진욱등 (2014)	긍정탐구 리더십 (질문하기, 비춰주기,			직무몰입 조직몰입

구분	독립변수	조절변수	매개변수	종속변수
	포용하기, 영감 불어넣기, 진실하게 행동하기)			
신효진· 고영희 (2015)	GWP 조직문화 (신뢰, 자부심, 재미)		긍정심리자본	조직몰입, 조직시민행동
박 인· 송계충 (2015)	감성지능, 감성활용, 감성조절		긍정심리자본	혁신행동, 조직시민행동
구분	독립변수	조절변수	매개변수	종속변수
김진욱 등 (2015)	긍정심리자본			조직웰빙
김현근· 안성익 (2015)	심리적자본 경계관리인식		일 가정 균형	조직몰입
최익성· 장영철 (2015)	변혁적리더십 (이상적 영향력, 지적자극, 개별적 배려) 거래적리더십(상황 적보상, 적극적 예외 관리, 소극적 예외관리)		긍정심리자본	개인창의성
정재금· 최석봉 (2015)	슈퍼리더십		긍정심리자본 팔로워십	혁신행동
임현명 등 (2015)	심리적계약위반		긍정심리자본	스트레스
김학수· 최종인 (2015)	다원주의자의 비율 개인주의 가치성향 집단주의 가치성향	팀 긍정심리자본		팀성과
이혜진· 박상언 (2015)	일 가정 갈등 일 가정 향상	긍정심리자본		직무몰입, 조직시민행동

구분	독립변수	조절변수	매개변수	종속변수
이미현 등 (2015)	진성리더십, 투명성, 도덕성, 균형잡힌 처리, 자기인지		긍정심리자본 직무열의,활력, 헌신, 몰두	변화지향조직 시민행동, 자발적 역할 외 활동
양근애 등 (2015)	서비스교육훈련 만족도		긍정심리자본	서비스지향성

국내 긍정심리기반 연구들에 사용된 긍정심리변수들은 긍정심리자본(56.4%)에 매우 편중되어 있고 긍정조직연구(87.9%)와 경영학 측면에서의 긍정조직 연구(88.6%)에서는 그 의존도가 더욱 높게 나타났다. 조직차원과 개인차원에서 조직의 긍정심리의 수준을 향상시킬 수 있는 선행변수의 탐색이 이루어져야 할 것이다. 또한 개인이 가지고 있는 자원들이 실제 업무를 할 때 직무자원으로 활용될 수 있는지에 대한 연구가 필요할 수 있다(Bakker & Demerouti, 2014). 결국 이를 기반으로 감사, 강점, 명상, 몰입, 긍정정서, 활력 등 더 다양한 심리적 변수들을 사용해 다양한 측면에서 효과성을 검증할 수 있을 것이다.

제2절 조직에서의 강점활용

(1) 강점의 역사와 정의

강점활용과 개발이 연구의 주제로 학술지와 책에 등장하기 시작한 것은 불과 100년 전이다. 경력개발 전문가인 Bernard Haldane(1947)가 처음으로 하버드 비지니스 리뷰에 조직에서의 강점활용의 중요성을 인정하였다. 그 이후 1960년대 후반에 Peter Drucker(1967)가 "The Effective Executive"에서 "어떤 조직이든 조직의 목표는 강점들을 활용해서 생산성을 높이는 것이다."라고 했다. 또 성과를 내기 위해서는 활용가능한 모든 강점을 사용해야하며 약점으로는 성과를 낼 수 없고 강점을 활용할 때만 성과를 낼 수 있다고 하였다.

1980~90년대의 갤럽의 Donald Clifton과 연구팀의 선도적인 작업들은 과학적인 방법으로 강점을 연구하고 개념화하는 새로운 분야를 열었다. '강점은 업무에 있어서 지속적으로 완벽에 가까운 성과를 내는 능력'이라고 정의하고(Buckingham & Clifton, 2001) 재능으로 개념화 되고 지식과 스킬과 더해졌을 때 강점이 된다고 하였다. 이런 정의와 다양한 산업에서 고성과자들의 인터뷰 데이터 베이스를 활용해 갤럽은 재능을 34개로 분류해 개인들이 자신의 재능을 인식하고 강점으로 개발할 수 있는 도구인 Clifton Strengthsfinder®(Asplund, Lopez, Hodges, & Harter, 2007)를 개발하였다. 지난 20년 동안 갤럽은 지속적으로 강점에 집중하는 것이 조직에 이익이 된다는 연구 결과들, 몰입(engagement), 생산성, 매출(Asplund & Blacksmith, 2012; Clifton & Harter, 2003), 이직율 감소 (Clifton & Harter, 2003; Hodges & Asplund, 2010)등을 발표해왔다.

21세기에 접어들면서 강점연구는 긍정심리학의 탄생과 함께 새로운 국면을 맞이하게 되었다(Seligman & Csikszentmihalyi, 2000). 긍정심리학의 창시자들(Peterson & Seligman, 2004)은 긍정심리학계에 사람들의 잠재력을 촉진하기 위한 연구와 개입의 방향과 긍정심리학의 공통언어를 제시하기 위해 인간 강점의 분류에 대한 필요성을 인정하였다. 긍정심리학 세 가지 영역 중 하나인 긍정특질이란 긍정상태를 이끌어 낼 수 있는 개인의 내적 특성, 즉 성격강점을 의미한다. Seligman(2002)은 긍정적 측면의 향상에 초점을 맞추며, 개인의 강점과 미덕을 추구할 것을 주장하였다. 그는 '강점과 미덕이란 개인이 지속적으로 나타내는 성품이나 행동 양식인 긍정적 특질'을 의미하는 것으로서, 이를 통해 자신의 긍정적 특성을 발휘하고 행복한 삶을 영위할 수 있다고 하였다. 즉, 강점이나 미덕을 발현함으로써 자기실현적 행복을 실현시킬 수 있으므로, 이를 발견하고 개발할 필요가 있다는 것이다. 특히 개인의 긍정적인 성품 중에서도 더 핵심적이고 중요한 성격강점인 대표강점을 발휘함으로써 개인의 웰빙을 이루는 긍정 정서, 열정 및 몰입,

긍정 관계, 의미, 성취가 증가할 수 있다고 보았다. 이들은 세계의 주요 종교와 철학자들이 제시하는 덕목과 심리학자들의 연구 자료, 그리고 청소년 발달의 주요 이론을 검토하여 비교적 보편적인 가치를 지닌 6개 영역의 덕성(virtues)과 24개의 성격강점 (character strengths)을 선정하고 이러한 강점들을 평가할 수 있도록 VIA 강점 척도 (VIA-IS: Values in Action Inventory of Strengths)를 개발했다. VIA 강점 척도의 개발로 성격강점에 대한 실증적 연구들이 본격화되었다(박부금·이희경, 2012).

또한 긍정심리학의 연구와 응용을 확대하기 위해 설립된 응용 긍정심리학 센터(Center of Applied Positive Psychology)는 '강점은 우리가 특정한 방식으로 행동하고 생각하고 느끼도록 하는 이미 내재된 능력으로서 이를 활용할 때 진정한 나다움을 느끼고 활력이 생기고 이를 통해 우리는 가장 잘 기능할 수 있고 발전할 수 있으며 나아가 성과를 낼 수 있다'(Linley, 2008)라고 정의하고 있다. 강점을 60개로 분류해 새로운 강점 진단 도구인 Realise 2를 개발해서 강점활용의 긍정적인 결과들에 대한 많은 연구들을 하고 있다.

(2) 긍정조직과 강점활용

Drucker(1967)가 어떤 조직이든 조직의 목표는 강점을 활용해서 생산성을 높이는 일이라고 주장한 것처럼 더 높은 조직 성과를 위해서는 약점보다는 강점을 활용할 때 더 효과적이라는 주장이 많은 선행연구들에 의해 제시되어왔다. 이에 대해 Diener & Dean(2010)은 강점을 찾고 발휘하는 것은 개인과 조직의 활력, 몰입, 효과성, 생산성, 의미를 높이는 확실한 방법이라고 하였고, Buckingham & Clifton(2001)은 강점은 업무에 있어서 지속적으로 완벽에 가까운 성과를 내는 능력이며, 재능으로 개념화되고 지식과 스킬이 더해질 때 더욱 강화된다고 설명했다. 또한 Donald Clifton 연구팀은 지난 20년 동안 강점에 집중하는 것이 몰입(engagement), 생산성, 매출, 이직율 감소 등 조직에 이익이 된다는 연구 결과들을 발표해 오고 있다(Asplund, *et al.*, 2007; Asplund & Blacksmith, 2012; Clifton & Harter, 2003; Hodges & Asplund, 2010; Buckingham, 2007).

또한 자신의 강점을 발견하여 일상생활 속에서 강점을 발휘함으로서 삶의 만족과 진정한 행복을 경험하는 것은 개인의 행복한 삶을 만드는 중요한 요인이 될 수 있는데(Seligman, 2005), 이에 대해 Seligman(2002)은 강점은 개인이 지속적으로 나타내는 성품이나 행동 양식인 긍정적 특질을 의미하는 것으로 이를 통해 자신의 긍정적 특성을 발휘하고 자기실현적 행복을 실현시킬 수 있다고 설명했다. 개인의 긍정적인 성품 중에서도 더 핵심적이고 중요한 대표 강점을 발휘함으로써 개인의 삶의 만족을 이루는 긍정 정서, 열정 및 몰입, 긍정 관계, 의미, 성취가 향상될 수 있는 것이다(박부금·이희경, 2012).

국내 강점 관련 연구들을 살펴보면 강점 프로그램의 효과를 검증하는 연구들이 진행되어 왔으나, 대부분의 연구가 일반인이나 청소년을 대상으로 하고 있다. 국내에서도 VIA 분류체계에 근거하여 성격 강점을 측정하는 성격 강점 검사(권석만, 2009)가 개발된 바 있으며, 성격 강점의 분포를 성인(최은미, 2009), 사관생도(김광은 등, 2010), 청소년(김정주, 2010; 안선영, 2010; 원두리, 2011), 초등학생(문용린 등, 2008)을 대상으로 연구해 오고 있다. 그러나 이런 연구들은 성격 강점을 확인하고 그 효과를 밝힌 강점 인식 수준의 연구들로서 강점을 인식한 후에 강점을 활용하게 될 경우 개인적 만족이나 어떤 효과들을 나타내는지 까지는 설명하지 못하는 한계를 가진다(임영진, 2010).

최근 강점과 관련된 조직 구성원들을 대상으로 한 연구들을 살펴보면 맹지현(2012)은 경력사원과 기존사원을 대상으로 성격강점과 학습몰입이 유의미한 정적 상관이 있다고 하였고, 우문식(2013)은 긍정정서와 성격강점이 둘 다 각각 조직몰입에 긍정적인 영향을 미친다는 사실을 입증한 바 있다. 또한 설효민(2016)은 대졸 신입사원을 대상으로 강점과 조직 몰입의 관계에서, 행복과 직무만족의 매개효과를 검증하였다. 선행 연구들은 강점 활용이 개인과 조직에 많은 이익을 가져올 수 있다고 밝혀왔고 강점은 긍정적인 개인의 특질이나 성격을 발견, 개발, 활용, 확장하는 것에 부합하므로 개입을 통해 학습될 수 있거나 향상될 수 있다고 주장되어져 왔다(Seligman *et al.*, 2005). 그러나 국내외 모두 조직적 측면에서의 강점 활용에 대한 연구는 충분하지 못하며 특히 조직에서 개인 차원이나 팀 차원의 성과와 연계된 실증연구가 부족하여 조직적 측면에서의 강점활용에 대한 중요성이 충분히 강조되지 못하고 있다(Dubreuil, 2014; Kong & Ho, 2016; 김혜민, 2012).

제3절 강점활용과 영향요인

조직에서의 강점활용에 대한 연구들을 살펴보면 성격 강점활용과 개발이 직무만족, 웰빙, 의미와 몰입에 미치는 영향들에 관한 연구들(Harzer & Ruch, 2013; Littman-Ovadia & Davidovitch, 2010; Littman-Ovadia & Steger, 2010), 특정한 성격 강점이 직무만족에 미치는 영향(Peterson *et al.*, 2010)과 건강한 성과 및 결과 지향적 행동들에 대한 연구들(Gander, *et al.*, 2012), 조직에서의 강점활용과 구성원들의 삶의 만족, 활력, 긍정정서와 부정정서와 같은 심리적 웰빙에 초점을 맞춘 연구(Forest *et al.*, 2012; Littman-Ovadia & Steger, 2010; Wood *et al.*, 2011)등이 있다. 특히 조직 구성원적 측면에서 강점활용은 창조적 성과(Avey *et al.*, 2012)나 긍정적 감정(Dubreuil *et al.*, 2014; Asplund & Blacksmith, 2012; Clifton & Harter, 2003; Hodges & Asplund, 2010; Hodges & Clifton, 2004)에 영향을 미치고 이는 다시 조직 내 구성원들의 활동에 영향을 미칠 것이라는 관계성들에 대한 연구들이 많은데, 본 연구에서는 조화열정, 긍정정서, 집중 요인을 중심으로 조직 구성원들의 강점활용의 관계성을 설명하고자 했다.

(1) 강점활용과 조화열정, 긍정정서, 집중

1) 강점활용과 조화열정

Vallerand *et al.*(2003)은 열정을 조화열정(harmonious passion)과 집착열정(obsessive passion) 두 가지로 구분하여 정의하였는데 조화열정은 한 개인이 좋아하고, 자신에게 중요하며, 시간과 에너지를 투자하기로 스스로 정의한 행동을 향한 강한 성향을 의미한다. 반면에 집착열정은 열정을 느낀 사람이 자신을 통제하지 못한 채 열정적인 행동을 하게 됨으로 다른 사람들과 갈등하며 다른 사람들에게 부정적인 결과를 낳는 열정을 의미한다고 설명했다. 이 중 조화열정은 특정행동을 자신의 정체성에 자율적으로 내면화시켜 생겨나는 것이다. 한 개인이 개방적이며 긍정적인 경험 또는 열정적인 행동을 하게 만드는데(Hodgins & Knee, 2002), 때문에 조화열정은 한 개인의 강한 행동성향으로 발휘되며 개인이 선택한 중요한 행동을 지속시키는 원동력이 될 수 있다(서재현, 2015).

사람들이 강점을 활용할 때 자기다움(authenticity)을 느끼고 인생에서 자기가 좋아하는 일들과 방향으로 활동하게 되며(Linley 2008; Hodges & Clifton, 2004; Peterson & Seligman, 2004) 때문에 업무에서 강점을 활용할 때 사람들은 잠재력을 충분히 발휘하고 자율적으로 자신의 정체성에 일을 내면화시킬 수 있다(Forest *et al.*, 2012)는 점에서 강점활용은 조화열정을 높일 수 있을 것이라고 가정하였다. 또한 구성원들이 업무에서 강점을 활용하면 최적의 수행이 가능하고(Govindji & Linley, 2007; Park *et al.*, 2004), 이는 일과 자신의 정체성을 촉진시키고 업무에 더 많은 시간과 자원을 투자하게 한다. 때문에 자신의 업무를 더 좋아하고 의미를 부여하고 열정적인 행동을 함으로서 더 나은 업무 성과를 낼 수 있게 된다. 선행연구들은 강점활용이 조화열정을 높이고 결과적으로 다양한 상황과 업무에서 나은 성과로 연결될 수 있다고 주장한다(Dubreuil *et al.*, 2014; Forest *et al.*, 2012; Ho & Pollack, 2014; Ho, Wong & Lee, 2011). 구성원들이 업무에서 강점을 강화할 수 있도록 도와준다면 구성원들의 일에 대한 조화열정을 높일 수 있을 것이며,

이는 결과적으로 업무 성과 향상으로 연결될 것이다(Forest *et al.*, 2012). 하지만 이 관계에 대한 국내 기업내 조직원들을 대상으로 한 실증적인 연구는 거의 찾아보기 어렵다.

2) 강점활용과 긍정정서

긍정정서는 개인의 마음에 떠오르는 생각과 행동목록을 확장시키며 이는 장기적으로 개인의 심리적 자원을 축적시켜 궁극적으로 안녕감과 같은 긍정정서를 다시 재경험할 가능성을 증가시켜준다(Frederickson, 2003). 이와 관련하여 긍정정서와 강점활용의 영향관계를 밝힌 선행 연구들을 살펴볼 수 있는데(김수림, 2014; 박부금·이희경, 2012; Douglas & Duffy, 2014; Govindji & Linley, 2007; Seligman *et al.*, 2005), Wood *et al.* (2011)은 강점활용은 긍정정서를 유지하고 스트레스를 적게 받도록 도움을 준다는 연구 결과를 제시했으며, Linley *et al.*(2010)도 목표달성을 하는데 있어서 강점을 활용하면 목표달성의 가능성이 더 높아지고 긍정정서도 증가한다고 주장했다. 강점활용과 긍정정서의 관계를 탐색한 연구들을 살펴보면 강점활용이 긍정정서를 높이는 요인이 될 수 있음을 제시해 주고 있다(Govindji & Linley, 2007; Rath, 2007; Rath & Conchie, 2009).

3) 강점활용과 집중

Buckingham(2007)과 Linley(2008)는 사람들은 강점을 활용할 때 활동에 깊게 집중한다는 사실을 연구를 통해 제시한 바 있다. 이 집중 상태는 몰입의 주요 개념 요소인 일시적 몰입의 경험으로(Kawabata & Mallett, 2011; Landhauber & Keller, 2012; Nakamura & Csikszentmihalyi, 2002) '현재 하고 있는 활동에 강하게 몰두하는 마음의 상태'라고 정의되는 몰입과(Kawabata & Mallett, 2011) 유사한 개념이다. 또한 Buckingham과 Clifton(2001)은 강점이나 재능은 일을 하는 사람이 의식하지 않는 가운데 보여주는 완벽한 집중을 통해 확인할 수 있다고 주장했다. 결국 강점을 찾고 발휘하는 것은 개인과 조직의 집중도를 높이는 확실한 방법이 될 수 있는데(Seligman, 2002; Diener & Dean, 2010), 강점활용을 통한 개인의 삶에 대한 몰입이나 집중 역시 더 생산적이고 성공적으로 일할 수 있도록 돕는다는 사실도 연구를 통해 제시되었다(Lopez, 2008). 조직에서 강점활용은 구성원들을 집중하게 하고 더 도전적인 상황에서 구성원들의 최고의 능력을 발휘하게 할 수 있게 한다(Csikszentmihalyi, 2003). 최근의 많은 선행연구들은 성격강점이 몰입과 긍정적 삶에 영향을 미치고 그런 능력들이 업무에 충분히 발휘될 수 있도록 해준다는 사실을 밝혀낸 바 있다(Buschor, Proyer & Ruch, 2013; Peterson *et al.*, 2007).

(2) 강점활용과 지각된 성과

강점활용과 지각된 성과의 관계에서 매개변수로서의 조화열정, 긍정정서, 집중요인은 구성원 개인의 지각된 성과에 긍정적 영향을 미칠 수 있는데(Dubreuil, 2014; Clifton & Harter, 2003; Hodges & Asplund, 2010), 먼저 조화열정(Harmonious passion) 요인의 경우 높은 조화열정을 가진 사람은 자발적으로 업무를 수행하며, 더 강한 일의 의미를 느끼게 된다(Ryan & Deci, 2000; Boezeman & Ellemers, 2008). 결국 강한 일의 의미를 느끼게 하는 조화열정을 가진 사람은 자신에게 의미 있는 일을 제공해 주는 조직에 대해 만족하게 되고, 높은 성과를 만들어 내게 된다(서재현, 2015; Ho & Pollack, 2014; Ho, Wong, & Lee, 2011).

긍정정서 역시 조직성과를 향상시키는데 긍정적 영향을 미치게 되는데(김초록·신희천, 2011; 이선규·이다정, 2016; 박상언, 2016; 백윤정·김보영, 2014), 긍정정서는 일시적인 사고 및 행동 목록을 증가시키고 선택 가능한 사고와 행동들을 더 많이 탐색하게 한다. 때문에 긍정정서는 인지적 요인에 영향을 미치며, 조직 몰입이나 성과에 중요한 요인으로 작용하게 된다(Fredrickson, 2001). Lyubomirsky *et al.*(2005)은 긍정정서를 통해 조직원의 서비스 향상, 창의성, 그리고 조직시민 행동까지 향상시킬 수 있다고 주장했다. 이렇듯 긍정정서는 조직 내 구성원들의 성과와 조직 행동에 직접적인 영향을 미칠 수 있다.

집중의 경우 업무 성과에 긍정적 영향을 미친다고 입증한 많은 선행연구들을 살펴볼 수 있다(Demerouti, 2006; Eisenberger *et al.*, 2005; Kuo & Ho, 2010). 특히 Dubreuil *et al.*(2014)은 하는 일에 더 초점을 맞추고 집중하면 업무 성과가 향상되며, 더 나은 성과는 물론 우수한 정보 처리 활동이 가능하고, 인지적 자원이 풍부해질 수 있다고 주장했다. 특히 Buckingham과 Clifton(2001)는 강점을 통한 집중 상태에서 업무를 할 때 완벽한 탁월함의 수준에 도달하고 탁월함은 어떤 일이 시작되어 끝날 때 까지 유지될 수 있음을 증명함으로서, 강점과 집중 그리고 업무 성과에 대한 상관관계를 설명한 바 있다.

(3) 강점활용과 삶의 만족도

강점활용을 통해 발생 또는 강화되는 조화열정, 긍정정서, 집중 요인의 경우 조직 업무 관련된 성과 이외에 조직원 개인의 삶의 만족을 향상시킬 수 있다(Forest *et al*, 2012; Fredrickson & Cohn, 2008; Csikszentmihalyi, 2000). 조화열정의 경우 개인의 심리적 현상에 영향을 미쳐 삶의 만족 및 활기에 영향을 미칠 수 있는데(Vallerand *et al.*, 2007), 특히 조화열정에 기초한 행동들은 개인 자신에게 중요하게 인지되며, 다른 삶과 갈등하지 않고, 개방적이고 긍정적인 경험에 기반한 열정적인 행동을 이끌어 낼 수 있다. 또한 조화열정은 한 개인이 개방적이며 긍정적인 경험을 하게하며 열정적인 행동을 하게 만들어(Hodgins & Knee, 2002) 결과적으로 높은 수준의 삶의 만족을 이끌어 낼 수 있다(Vallerand, 2008; Forest *et al*, 2012).

긍정정서 역시 삶의 만족에 필요한 중요한 자원으로 개발되어야 한다고 주장되고 있다(Fredrickson & Cohn, 2008). 선행 연구에 따르면, 정서는 인지를 매개로 개인의 삶에 긍정적인 영향을 미치는 것으로 나타났다(Fredrickson, 2000; Fredrickson & Cohn, 2008). Cohn *et al.*(2009)도 기쁨이나 흥미같은 긍정정서는 자원을 축적함으로서 새로운 기회를 제공하고 삶의 만족을 높이는 것을 확인하였다. 국내에서도 김정호(2007)는 삶의 만족이 높은 사람은 낮은 사람에 비해 더 많은 긍정정서를 경험하며 자존감이 높고 주관적 행복이 높다고 설명했다. 또한 긍정정서가 인지적 특성을 매개로 삶의 만족에 영향을 주는 것으로 입증된 바 있다(윤민지, 2012). 결국 긍정정서는 개인의 행복감, 만족감 등 인간의 삶의 질을 높이는데 밀접한 관련이 있고(Seligman, 2000; 노세리·김미희·이상민, 2015), 건강, 우정, 직업수행 등 다양한 영역에서 성공적인 삶을 이끌어 내는데 영향을 미치는 요인임을 알 수 있다(Lyumborsky *et al.*, 2005).

집중은 삶을 훌륭하게 가꾸어주며 개인을 각성시켜 성장시키고 행복감을 느끼게 할 수 있는데, 집중의 경험을 통해 사람들은 최고의 능력을 이끌어내고, 다양한 경험을 이루어냄으로써 삶을 더 행복하고 잘 기능하도록 만들게 된다(Csikszentmihalyi, 1990; Csikszentmihalyi, 2000; Seligman, 2002). 많은 선행 연구들에서 집중이나 몰입의 경험이 삶의 질, 행복에 많은 영향을 미친다고 입증한 바 있다(김준희·이무연, 2009; 박철호·김성수, 2011). 인간은 선천적으로 자신의 잠재력이나 자아를 실현하고자 하는 내재적 동기를 가지고 있으며 이러한 경향은 생산적이고 적극적인 활동을 통해 발달되고, 이러한 행동을 통해 삶에 대한 만족감, 즐거움, 행복감과 자신의 삶이 의미 있고 가치 있다는 느낌을 가지게 되는 것이다(Rogers, 1959).

(4) 강점활용 정도와 지각된 성과

많은 연구자들이 조직원의 강점활용의 영향력을 소개하고 있는데(Wood *et al.*, 2011), Seligman(2002)은 개인의 긍정적인 성품 중에서도 더 핵심적이고 중요한 성격강점인 대표 강점을 발휘함으로써 개인의 웰빙을 이루는 긍정 정서, 열정 및 몰입, 긍정 관계, 의미, 성취가 증가할 수 있다고 보았다. 또 다른 연구들도 강점활용과 조직의 다양한 심리적 요인들과 행동간의 관계성을 밝혀왔다(Linley *et al.*,

2010). 국내 연구로는 김지영· 권석만(2013)이 강점과 약점의 경험을 비교하여 강점을 통한 안녕감 증진이 보다 효과적이라는 점을 확인했다. 더욱이 Biswas-Diener *et al.*(2011)은 강점은 최적의 성과를 내기 위해 개발 될 수 있는 잠재력으로 상황, 개인 가치, 흥미와 다른 강점들과도 상호작용하는 역동적인 개념이라고 설명하고 있다. 즉 같은 강점이라도 사람에 따라 다른 방법으로 발휘될 수 있음을 의미한다(Linley & Harrington, 2006; Peterson & Seligman, 2004).

Peterson & Seligman(2004)은 강점은 성격특성에 가깝고 어떤 강점들은 특정한 상황이나 대상에서만 보여 질 수도 있다고 강점에 특징에 대해 설명했다. Seligman *et al.*(2005)은 대표강점 활용한 집단과 활용하지 않은 집단간의 차이를 분석하여 강점활용 집단에서 행복이 증가하고 우울이 감소하는 심리적 차이를 나타냄을 밝힌바 있다. Gander *et al.*(2013) 역시 9개의 실험집단을 구성하여 개인의 대표강점을 활용한 개입 정도에 따라 유의한 효과가 차이를 나타내는 것으로 확인하였다. 또한 Forest *et al.*(2012)의 연구에 의하면 강점 개입을 통한 실험연구에서 강점을 활용한 그룹은 높은 조화열정을 보여 주었고, 이는 웰빙에도 영향을 미친다는 사실을 증명했다. 이러한 맥락에서 강점활용은 일을 소명이라고 인지하는 역할을 하며 결과적으로 성과에도 긍정적인 영향을 미치는 것으로 설명할 수 있다.

강점 활용이 지각된 성과와 삶의 만족에 미치는 영향 : 조화열정, 긍정정서, 집중의 매개효과를 중심으로

제1절 연구설계

(1) 연구모형 및 가설 설계

본 연구의 목적은 조직 구성원의 직장생활에서 느끼는 일과 삶의 만족에 대한 두 가지 측면을 모두 반영하여, 조직 내 구성원 개인의 강점 활용이 실제 조직 내 지각된 성과와 삶의 만족에 긍정적 영향을 미치는지확인하고자 했다. 이론적 고찰을 통해 강점활용, 조화열정, 긍정정서, 집중, 지각된 성과, 그리고 삶의 만족도 간의 구조적 관계에 대한 연구 모형과 가설을 설정하였다(〈그림 4〉 참조). 본 연구는 강점활용을 외생 변수로 내생변수는 조화열정, 긍정정서, 집중으로 그리고 지각된 성과와 삶의 만족도를 종속변수로 설계하였다. 기존 선행연구들의 논의들을 토대로 각 잠재 변수들 간의 인과적 영향관계를 설정하였는데, 강점활용이 조화열정, 긍정정서, 집중에 긍정적 영향을 미칠 것이다. 다시 조화열정, 긍정정서, 집중 변수들은 조직원 개인의 지각된 성과와 삶의 만족도에 긍정적 영향을 미칠 것이라는 가설에 기반하여 연구 모형을 구성하였다.

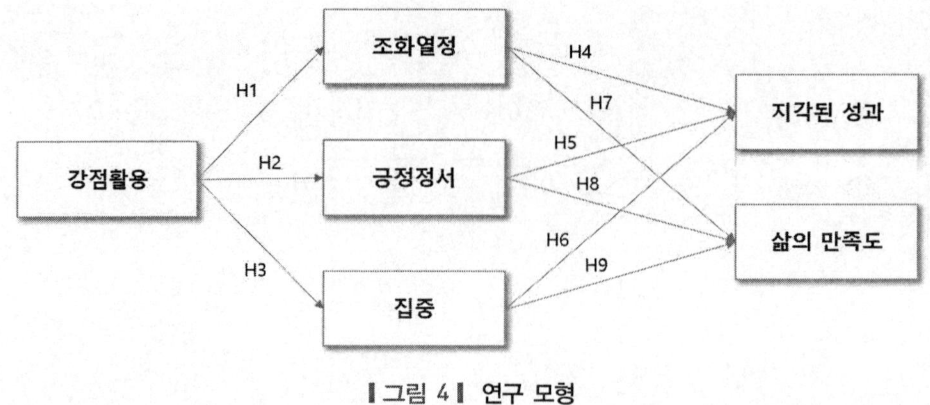

▌그림 4▐ 연구 모형

조직에서의 강점활용과 그 효과에 대한 선행연구들을 통해 조직 내 구성원 개인의 강점활용이 개인의 조화열정, 긍정정서, 집중에 긍정적인 영향을 미칠 것으로 판단하고 다음과 같이 가설을 설정하였다.

H1. 조직에서의 강점활용은 조화열정에 정(+)의 영향을 미칠 것이다.
H2. 조직에서의 강점활용은 긍정정서에 정(+)의 영향을 미칠 것이다.
H3. 조직에서의 강점활용은 집중에 정(+)의 영향을 미칠 것이다.

조직에서의 강점활용과 성과의 관계에서 이론적 논의를 바탕으로 매개변수로서의 조화열정, 긍정정서, 집중 요인은 구성원 개인의 지각된 성과에 긍정적 영향을 미칠 것으로 판단하고 다음과 같이 가설을 설정하였다.

H4. 조화열정은 지각된 성과에 정(+)의 영향을 미칠 것이다.
H5. 긍정정서는 지각된 성과에 정(+)의 영향을 미칠 것이다.
H6. 집중은 지각된 성과에 정(+)의 영향을 미칠 것이다.

조직에서 강점 활용에 대한 이론적 논의를 바탕으로 통해 강점활용으로 발생 또는 강화되는 조화열정, 긍정정서, 집중 요인은 조직원 개인의 삶의 만족을 향상시키고 긍정적인 영향을 미칠 것으로 판단하고 다음과 같이 가설을 설정하였다.

H7. 조화열정은 삶의 만족도에 정(+)의 영향을 미칠 것이다.
H8. 긍정정서는 삶의 만족도에 정(+)의 영향을 미칠 것이다.
H9. 집중은 삶의 만족도에 정(+)의 영향을 미칠 것이다.

(2) 측정항목 및 도구

설문조사에서 활용된 측정문항들은 리커트 5점 척도(1=전혀 그렇지 않다, 5=매우 그렇다)로, <표 10>와 같이 기존 선행 연구들을 토대로 각 변수들의 조작적 정의 및 측정항목을 설계하였다. 첫째, 강점활용 척도(Strength Use Scale)는 사람들이 다양한 상황에서 얼마나 많이 자신의 강점을 활용하는지 측정하기 위하여 Govindji & Linley (2007)가 개발한 척도를 사용하였다. 총 14개 문항으로 대표 문항으로는 "내 업무에는 내가 강점을 활용할 기회가 많다.", "강점을 활용하는 것이 나에게는 익숙한 일이다."등이 있다. 둘째, 업무에서의 조화열정을 측정하기 위하여 Vallerand *et al.*(2003)이 개발한 6개 문항을 사용하였다. 대표 문항으로는 "나의 직무는 내 삶의 다른 활동들과 조화를 이룬다.", "직무를 통한 다양한 경험들이 나의 삶에 열정을 불어 넣는다."등이다.

셋째, 긍정정서를 측정하기 위해 Diener *et al.*(2009)이 개발한 SPANE-P 모델을 기반으로 6개 문항을 사용하였다. 대표 문항은 "나는 직무수행을 통해 긍정적 감정을 느낀다.", 나는 직무수행을 통해 만족감을 느낀다."등이다. 넷째, 집중은 Jackson & Marsh(1996)가 개발하고 Dubreuil *et al.*(2014)가 사용한 항목 3개를 활용하였다. "나는 일할 때 완전히 빠져들곤 한다.", "나는 일할 때 다른 생각을 전혀 하지 않는다."등이다. 다섯째, 지각된 직무성과의 측정은 Williams & Anderson(1991)이 개발한 7개의 문항 중 심덕섭·양동민· 하성욱(2010)에 의해 실증적으로 검증된 5개 문항을 사용하였다. 대표 문항으로는 "나는 기대만큼 과업을 수행한다.", "나는 직무에서 필요로 하는 공식적인 성과를 충족시킨다."이다. 마지막으로 삶에 대한 만족도의 정도를 평가하기 위해 Diener *et al.*(1985)이 개발한 자기보고식 검사로 박정현과 서은국(2005)이 번안한 삶의 만족도 척도

(Satisfaction with life scale: SWLS)를 사용하였다. 총 5개 문항으로 대표 문항으로는 "전반적으로 나의 삶은 내가 생각하는 삶에 가깝다.", "나는 나의 삶에 만족한다."이다.

❙표 10❙ 구성개념별 조작적 정의

연구변수	변수의 조작적 정의	척도 항목수	문항의 출처
강점활용	다양한 장면에서 자신의 강점을 적용 또는 발휘하는 것	14	Govindji & Linley(2007), 박부금과 이희경(2012)
조화열정	한 개인이 좋아하고, 자신에게 중요함, 시간과 에너지를 투자하기로 스스로 정의한 행동을 향한 강한 성향	6	Vallerand *et al.* (2003)
긍정정서	긍정적 정서 경험을 통한 긍정적 심리상태	6	SPANE-P Diener *et al.* (2009)
집중	현재 하고 있는 활동에 대한 전적인 몰입 상태	3	Jackson & Marsh (1996), Dubreuil *et al.* (2014)
지각된 성과	자신이 담당하는 업무에 대해 공식적으로 요구하는 사항과 기대수준을 성공적으로 달성해 나가는 정도	5	Williams & Anderson (1991)
삶의 만족	자신의 삶에 대하여 전반적으로 얼마나 만족하는지에 대한 인지적 판단	5	Diener *et al.* (1985), 박정현과 서은국 (2005)

(3) 자료수집 및 분석

자료 수집은 2016년 4월 11일부터 25일까지 2주간 국내 25개 기업 내조직원들을 대상으로 실시되어 온라인, 오프라인 설문지 총 562부가 회수되었고 이 중에서 설문응답 결과가 불성실하여 통계분석에 활용하기 어렵다고 판단한 설문 102개를 제외한 총 460개의 설문이 사용되었으며 설문자료는 SPSS 22.0과 AMOS 22.0을 사용하여 분석하였다.

표본의 특성을 정리하면 〈표 11〉과 같다.

Ⅰ표 11Ⅰ 표본 특성

문 항	항 목	빈도	비율(%)
성 별	남 자	284	61.7%
	여 자	176	38.3%
연 령	30세 미만	72	15.7%
	30세 이상~40세 미만	231	50.2%
	40세 이상~50세 미만	127	27.6%
	50세 이상	30	6.5%
업무경력	1년 미만	31	6.7%
	1년 이상~5년 미만	78	17.0%
	5년 이상~10년 미만	127	27.6%
	10년 이상~15년 미만	108	23.5%
	15년 이상	116	25.2%
학 력	고등학교 졸업	46	10.0%
	대학교 졸업	351	76.3%
	대학원 졸업	61	13.3%
	박사학위 소지	2	0.4%
직 급	사 원	109	23.7%
	대 리	128	27.8%
	과 장	90	19.6%
	차 장	69	15.0%
	부 장	48	10.4%
	임 원	16	3.5%
업 종	제조/생산	95	20.7%
	금융 및 보험	72	15.7%
	유통업	71	15.4%
	서비스업(교육 포함)	106	23.0%
	연구개발업 이상	18	3.9%
	IT/정보통신	98	21.3%

분석 결과 표본 대상의 특징은 성별로는 남성(61.7%)이 여성보다 상대적으로 많았으며, 연령별로는 30대가 50.2%, 40대가 27.6%, 20대가 15.7%, 50세 이상이 6.5%로 순으로 30-40대 중심으로 조사가 이루어졌고, 학력별로는 대졸이상이 90%로 나타났다. 업무경력은 5년 이상 10년 미만이 27.6%, 10년 이상 15년 미만이 23.5%, 15년 이상이 25.2%, 1년 이상 5년 미만이 17.0%, 1년 미만이 6.7% 순으로 10년 이상이 76.3%였다. 직급별로는 대리 27.8%, 사원 23.7%, 과장 19.6%, 차장 15%, 부장 10.4%, 임원 3.5% 순으로 나타났으며 업종별로는 제조/생산이 20.7%, 금융 및 보험이 15.7%, 유통업이 15.4%, 서비스업이 23%, 연구개발이 3.9%, IT/정보통신이 21.3%로 나타났다.

제2절 실증분석

(1) 측정모형 분석

측정 모형의 신뢰도와 타당도 분석을 위해 신뢰도 평가는 내적 신뢰도(internal consistency reliability)와 복합신뢰도(composite reliability) 지수로 평가하였으며, 타당성 평가는 집중타당성(convergent validity)과 판별타당성(discriminant validity)을 활용하였다(Bagozzi & Yi, 1988; Chang & Cheung, 2001; Fornell *et al.*, 2009). 요인분석 결과 강점활용 요인 총 14항목 중 1항목, 긍정정서요인 총 6항목에서 1항목 그리고 삶의 만족도 요인 총 5항목에서 1항목은 적합도가 낮아 삭제하여 최종분석에는 강점 활용 요인 13항목, 긍정정서 5항목, 삶의 만족 4항목을 사용하였다. 결과적으로 표준 요인적재량은 0.603~0.891의 요인들이 0.6이상으로 통계적으로 유의하며, 복합신뢰도 값의 경우 0.668~0.831사이에서 분포되어 복합신뢰도와 크론바흐 알파값 모두 0.6 이상으로 나타나 내적 신뢰도를 확보한 것으로 분석되었다(Chang & Cheung, 2001; Nunnally & Bernstein, 1994).

【표 12】 신뢰도 및 집중타당도 분석

잠재 변수	관측 변수	확인적 요인 분석				Composit Reliability	AVE	Cronbach's alpha
		Estimate	t-value	Mean	S.E.			
강점 활용	SU2	-	-	-	-	0.829	0.593	0.813
	SU3	0.678	5.39	3.926	0.728			
	SU4	0.694	4.584	3.613	0.788			
	SU5	0.719	4.097	3.228	0.788			
	SU6	0.766	4.333	3.472	0.801			
	SU7	0.691	4.849	3.722	0.768			
	SU8	0.666	3.968	3.467	0.874			
	SU9	0.716	4.336	3.506	0.807			
	SU10	0.796	4.22	3.517	0.833			
	SU11	0.792	3.793	3.251	0.856			
	SU12	0.603	3.602	3.078	0.855			
	SU13	0.814	4.315	3.391	0.786			
	SU14	0.815	4.228	3.361	0.795			
조화 열정	HP1	-	-	-	-	0.812	0.588	0.779
	HP2	0.822	3.763	3.509	0.932			
	HP3	0.850	4.047	3.561	0.88			
	HP4	0.752	4.545	3.78	0.832			
	HP5	0.864	4.078	3.504	0.859			
	HP6	0.676	3.854	3.374	0.875			
집중	CET1	-	-	-	-	0.831	0.614	0.817
	CET2	0.889	3.48	3.217	0.924			
	CET3	0.904	4.12	3.509	0.852			
긍정 정서	SPA1	-	-	-	-	0.739	0.561	0.732
	SPA3	0.888	4.350	3.424	0.787			
	SPA4	0.885	4.062	3.244	0.796			
	SPA5	0.891	3.987	3.311	0.830			
	SPA6	0.817	4.439	3.498	0.788			
지각된 성과	ITP1	-	-	-	-	0.748	0.573	0.740
	ITP2	0.871	5.381	3.73	0.693			
	ITP3	0.835	5.898	3.965	0.672			
	ITP4	0.717	4.948	3.667	0.741			
	ITP5	0.791	4.831	3.589	0.743			

잠재 변수	관측 변수	확인적 요인 분석				Composit Reliability	AVE	Cronbach's alpha
		Estimate	t-value	Mean	S.E.			
삶의 만족도	SWL1	0.896	3.927	3.265	0.742	0.712	0.522	0.724
	SWL2	-	-	-	-			
	SWL3	0.872	3.734	3.302	0.884			
	SWL4	0.811	3.621	3.224	0.89			

또한 평균 추출 분산(Average Variance Extract)이 0.5이상이면 측정모형의 집중 타당성을 확보가 가능한데(Gefen *et al.*, 2000), 분석결과 평균 추출 분산이 0.522~0.614로 나타나 0.5 이상을 충족함으로서 측정도구의 집중 타당성을 확보하였다. 판별타당성을 확보하기 위해서 변수간의 차이를 판단하는 AVE값을 분석하였다. Fornell & Larcker(1981)이 정의한바와 같이 AVE 제곱근 값이 각 잠재변수 상관계수보다 크면 잠재변수간에 판별 타당도를 확보했다고 볼 수 있는데, 〈표 13〉와 같이 AVE의 제곱근값이 모든 구성개념들의 상관계수보다 크므로 측정도구의 판별 타당성을 확보했음을 확인할 수 있었다.

❙표 13❙ 상관관계 및 판별 타당도 분석

구 분	평균	표준 편차	감정 활용	조화 열정	긍정 정서	집중	지각된 성과	삶의 만족도
감정활용	3.459	0.589	**0.593 (0.770)**					
조화열정	3.495	0.694	0.569	**0.588 (0.767)**				
긍정정서	3.402	0.712	0.512	0.409	**0.614 (0.784)**			
집중	3.437	0.770	0.573	0.501	0.382	**0.561 (0.749)**		
지각된성과	3.765	0.571	0.601	0.534	0.413	0.460	**0.573 (0.757)**	
삶의만족도	3.164	0.757	0.483	0.518	0.472	0.473	0.632	**0.522 (0.722)**

주) 대각선의 진한 값은 각 변수에 대한 AVE 값이며, ( )는 AVE의 제곱근 값을 나타냄

(2) 구조모형 분석 및 가설 검증

구조모형 분석 결과 χ^2=1015.57, 자유도(d.f.)=386으로 나타났으며, GFI는 0.963, RMSEA는 0.054로 전반적으로 값들이 우수한 것으로 나타났다. RFI는 0.912, NFI는 0.928로 모두 0.9 이상의 연구 모형의 적합도가 좋은 것으로 나타났다.

▌표 14▐ 모델 적합도 분석

측정항목	χ^2/d.f.	GFI	AGFI	CFI	RFI	NFI	IFI	RMESA
값	2.631	0.963	0.923	0.911	0.912	0.928	0.929	0.054

이를 기반으로 가설 검증 결과 강점활용은 조화열정(0.314), 긍정정서(0.189), 집중 요인(0.230)에 모두 유의미한 영향을 미친다는 가설이 채택되었으며, 조화열정은 다시 지각된 성과(0.217)와 삶의 만족(0.195)에 긍정적 영향을 미치는 것으로 가설이 모두 채택되었다. 긍정정서 역시 지각된 성과(0.195)와 삶의 만족(0.187)에 유의미한 영향을 미쳐 가설이 모두 채택되었다.

▌표 15▐ 구조방정식 주 효과 연구가설 검증

가설	외생변수	내생변수	t 통계량	표준화계수	채택여부
H1	강점활용	조화열정	7.57	0.314***	채택
H2	강점활용	긍정정서	2.81	0.189**	채택
H3	강점활용	집 중	2.69	0.203**	채택
H4	조화열정	지각된성과	3.02	0.220**	채택
H5	긍정정서	지각된성과	3.17	0.195**	채택
H8	집 중	지각된성과	2.11	0.119*	채택
H7	조화열정	삶의만족도	2.28	0.217*	채택
H8	긍정정서	삶의만족도	3.23	0.187**	채택
H9	집 중	삶의만족도	1.12	0.132	기각

*$p < 0.05$, **$p < 0.01$, ***$p < 0.001$

그러나 집중의 경우 지각된 성과(0.119)에는 유의미한 영향을 미치나 삶의 만족에는 영향을 미치지 않는 것으로 나타나 집중 요인은 삶의 만족에 정(+) 영향을 미친다는 가설은 기각되었다.

결과적으로 강점활용은 긍정정서나 집중에 비해 조화열정 요인에 가장 큰 영향을 미치는 것으로 나타났으며, 조화열정, 긍정정서, 집중 요인 모두 삶의 만족 보다는 지각된 성과에 상대적으로 더 큰 영향을 미치는 것으로 나타나 결국 강점활용을 통해 조직원의 조화열정, 긍정정서, 집중을 이끌어내면 성과 향상에 매우 긍정적인 영향을 미친다는 사실을 확인할 수 있었다. 또한 집중 요인의 경우 지각된 성과에는 영향을 미치지만 삶의 만족에는 영향을 미치지 않는다는 것은 개인의 강점활용을 기반한 집중 요인은 조직원으로서의 개인적 삶에 대한 연계성 보다는 조직성과를 위한 활용 측면에서 발휘되는 요인임을 확인할 수 있었다.

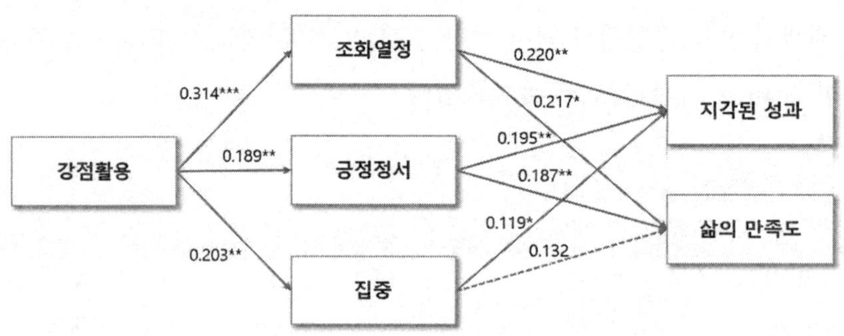

❙그림 5❙ 연구모형의 표준화된 경로계수

〈표 16〉에서 보듯이 경로분석을 통해 직접효과와 비표준경로계수를 이용하여 표준오차를 계산해 bootstrap으로 유의도 검증하는 간접 효과와 총 효과를 분석하였다. 결과적으로 조화열정(0.314), 긍정정서(0.189), 집중(0.203)은 모두 직접 효과 측면에서 강점활용에 영향을 미치는 것으로 나타났다. 더욱이 조화열정, 긍정정서, 집중은 모두 강점활용과 지각된 성과, 사이에서 완전 매개 역할을 하고 조화열정과 긍정정서는 강점활용과 삶의 만족사이에서 완전 매개 역할을 하는 것으로 나타남으

로써 기업 내 구성원들의 강점 활용이 강화되면 구성원들의 조화열정, 긍정정서, 집중에 긍정적 영향을 미침으로써 결과적으로 성과와 구성원 삶의 만족도가 향상되게 됨을 명확하게 파악할 수 있었다.

❙ 표 16 ❙ 경로분석 결과

종속변수	설명변수	직접효과	간접효과	총효과
조화열정	강점활용	0.314	–	0.314
긍정정서	강점활용	0.189	–	0.189
집 중	강점활용	0.203	–	0.203
지각된 성과	강점활용	–	0.131	0.131
	조화열정	0.220	–	0.220
	긍정정서	0.195	–	0.195
	집 중	0.119	–	0.119
삶의 만족도	강점활용	–	0.130	0.130
	조화열정	0.217	–	0.217
	긍정정서	0.187	–	0.187
	집 중	0.132	–	0.132

제3절 소결론

본 연구의 주요 실증분석 결과를 요약하면 결국 강점활용은 조화열정, 긍정정서, 집중을 매개로 지각된 성과에 정의 영향을 미치며, 조화열정과 긍정정서를 매개로 삶의 만족에 긍정적 영향을 미치는 것으로 검증되었다. 이는 곧 강점을 활용하는 것은 조직 내 구성원 개인에게 자신의 잠재력을 충분히 발휘해 자신의 일에 시간과 에너지를 투자하고 자율적으로 내면화시켜 강한 조화열정을 경험하는 구성원들은 더 나은 성과를 낸다는 선행 연구들을 지지함을 보여준다(Carpentier *et al.*, 2012; Forest *et al.*, 2012; Ho *et al.*, 2011; Vallerand *et al.*, 2003). 또한 강점활용은 긍정정서를 유발하게 하고, 긍정정서를 통해 구성원의 성과에 영향을 미친다는 결과와도 일치한다(Wood *et al.*, 2011; Lyubomirsky *et al.*, 2005). 같은 맥락에서 업무를 할 때 강점을 활용하면 높은 집중도를 경험하고 업무에 대한 인지적 자원이 풍부해져 더 높은 업무 성과를 성취해 낼 수 있음을 보여 준다(Demerouti, 2006; Engeser & Rheinberg, 2008; Landhauber & Keller, 2012).

다만 가설 검증 결과 조화열정과 긍정정서는 삶의 만족에 유의미한 영향을 미쳐 가설이 채택된 반면 집중요인의 경우 삶의 만족에 정(+)의 영향을 미친다는 가설은 기각되었다. 기존에 집중이 삶의 만족에 긍정적 영향을 미친다는 기존 연구들과 차이를 나타내는데(황희정, 2014), 이는 본 연구가 일반적인 개인의 삶의 영역보다는 조직원으로서 기업 내 조직 활동 또는 업무 환경 내 삶을 강조함으로써 집중 요인과 일상적인 개인의 삶의 만족도에 대한 상관관계와는 다른 결과를 나타낸 것으로 해석될 수 있다. 또한 연구 대상의 다수가 30~40대(77.6%)로 육아를 중심으로 한 가정과 직장 생활이 병존하는 세대가 가지는 삶의 만족도 자체가 낮을 수 있으며, 삶의 만족도에 있어 개인적인 삶보다 직장에서의 성공에 더 의미를 두는 집단적 특성을 고려할 수 있겠다. 이러한 연구 대상의 특수성 아래 삶의 만족을 이끌어내는 삶과 일 사이의 갈등관계와 같은 복합적인 접근이 아닌 단편적인 삶의 만족도를 측정했기 때문에 결과적으로 강점활용을 통해 집중 요소를 매개로 할 경우 삶의 만족보다 성과적 측면에서 지각된 성과에 의미가 부여될 수 있음을 보여준다.

IV 조직원의 조화열정과 집중이 지각된 성과에 미치는 영향 : 강점활용 집단별 차이 비교를 중심으로

제1절 연구설계

(1) 연구모형 및 가설 설계

본 연구에서는 조직내 강점활용과 지각된 성과의 관계에서 조직원의 강점활용수준에 따른 집단별 차이가 있는지 알아보기 위해 강점활용을 함으로써 영향을 미칠 수 있는 조직원 개인의 심리 변수들 중 개인의 특성과 업무를 수행하는 과정에서 개인이 보일 수 있는 업무수행 행동이 지각된 성과에 영향을 줄 수 있다는 면에서 조화열정과 집중을 변수로 선택하여 강점활용 수준차이에 따른 두 집단 간 차이를 실증적으로 분석함으로써 강점 활용을 통한 조직원의 개인 역량 강화 및 조직성과 향상에 대한 구체적인 관계성을 입증하고자 한다. 선행 연구를 기반으로 도출된 연구 가설을 기반으로 조화열정과 집중에 대한 지각된 성과와의 관계 및 집단 간 차이 비교에 대한 연구모형을 〈그림 6〉과 같이 구성하였다.

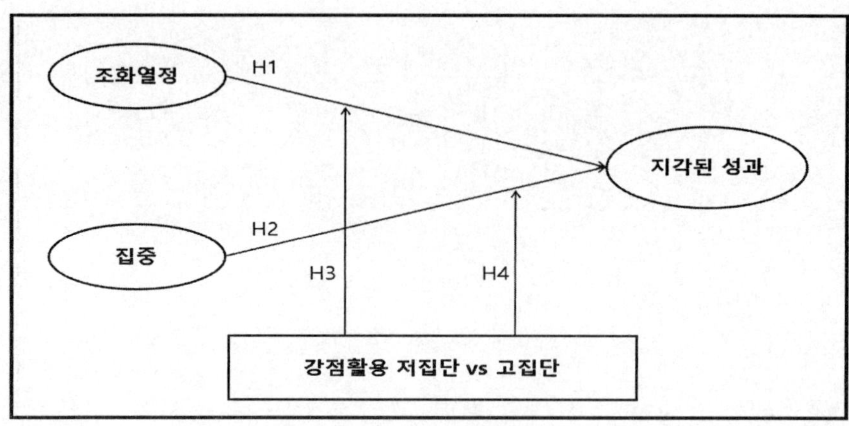

┃그림 6┃ 연구모형

조직 내에서 구성원의 강점활용과 지각된 성과의 관계에 대한 선행연구들을 기반으로 구성원들의 심리변수인 조화열정과 집중이 지각된 성과에 긍정적 영향을 미칠 것으로 판단하고 다음과 같이 가설을 설정하였다.

H1: 조화열정은 지각된 성과에 정(+)의 영향을 미칠 것이다.
H2: 집중은 지각된 성과에 정(+)의 영향을 미칠 것이다.

조직에서 구성원들의 강점활용이 구성원들의 심리적 요인들에 영향을 미쳐 강점활용 집단과 활용하지 않은 집단간의 차이를 분석한 선행연구들과 강점 개입을 통한 실험연구들의 선행연구를 바탕으로 조화열정과 집중이 지각된 성과에 영향을 미치는데 강점활용 수준에 따라 차이를 보일 것이라는 가설 3과 4를 설정하였다.

H3: 조화열정이 지각된 성과에 영향을 미치는데 있어 강점활용 저집단과 고집단 간 차이를 나타낼 것이다.
H4: 집중이 지각된 성과에 영향을 미치는데 있어 강점활용이 저집단과 고집단간 차이를 나타낼 것이다.

(2) 측정항목 및 도구

설문조사에서 활용된 측정문항들은 리커트 5점 척도(1=전혀 그렇지 않다, 5=매우 그렇다)로, 〈표 17〉과 같이 기존 선행 연구들을 토대로 각 변수들의 조작적 정의 및 측정항목을 설계하였다.

첫째, 강점활용 척도(Strength Use Scale)는 사람들이 다양한 상황에서 얼마나 많이 자신의 강점을 활용하는지 측정하기 위하여 Govindji & Linley(2007)가 개발한 척도를 사용하였다.

❙ 표 17 ❙ 구성개념별 조작적 정의

연구변수	변수의 조작적 정의	척도 항목수	문항의 출처
강점활용	다양한 장면에서 자신의 강점을 적용 또는 발휘하는 것	14	Govindji & Linley(2007), 박부금과 이희경(2012)
조화열정	한 개인이 좋아하고, 자신에게 중요함, 시간과 에너지를 투자하기로 스스로 정의한 행동을 향한 강한 성향	6	Vallerand *et al.* (2003)
집중	현재 하고 있는 활동에 대한 전적인 몰입 상태	3	Jackson & Marsh (1996), Dubreuil *et al.* (2014)
지각된 성과	자신이 담당하는 업무에 대해 공식적으로 요구하는 사항과 기대수준을 성공적으로 달성해 나가는 정도	5	Williams & Anderson (1991)

총 14개 문항으로 대표 문항으로는 "내 업무에는 내가 강점을 활용할 기회가 많다.", "강점을 활용하는 것이 나에게는 익숙한 일이다."등이 있다. 이 문항들의 측정한 결과를 총합으로 중앙값을 기준으로 강점활용 저집단과 고집단으로 나누었다. 둘째, 업무에서의 조화열정을 측정하기 위하여 Vallerand & Houlfort(2003)이 개발한 6개 문항을 사용하였다. 대표 문항으로는 "나의 직무는 내 삶의 다른 활동들과 조화를 이룬다.", "직무를 통한 다양한 경험들이 나의 삶에 열정을 불어 넣는다."등

이다. 셋째, 집중은 Jackson & Marsh(1996)가 개발하고 Dubreuil *et al.*(2014)가 사용한 플로우의 항목 중 집중 3개를 활용하였다. "나는 일할 때 완전히 빠져들곤 한다.", "나는 일할 때 다른 생각을 전혀 하지 않는다." 등이다. 넷째, 지각된 직무성과의 측정은 Williams & Anderson(1991)이 개발한 7개의 문항 중 심덕섭 등(2010)에 의해 실증적으로 검증된 5개 문항을 사용하였다. 대표 문항으로는 "나는 기대만큼 과업을 수행한다.", "나는 직무에서 필요로 하는 공식적인 성과를 충족시킨다." 이다.

(3) 자료수집 및 분석

자료 수집은 2016년 4월 11일부터 25일까지 2주간 국내 25개 기업 내 조직원들을 대상으로 실시되어 온라인, 오프라인 설문지 총 562부가 회수되었고 이 중에서 설문응답 결과가 불성실하여 통계분석에 활용하기 어렵다고 판단한 설문 102개를 제외한 총 460개의 설문이 사용되었으며 설문자료는 SPSS 22.0과 AMOS 22.0을 사용하여 분석하였다.

표본의 특성은 〈표 18〉과 같이 총집단과 강점활용 수준의 고집단과 저집단으로 나누어 보았다.

특징을 살펴보면 성별로는 고집단에 남성(68.5.%)이 여성(55.6%)보다 상대적으로 많았으며, 연령별로는 세 집단 모두 30대가 제일 많았고 40대, 20대 그리고 50대순으로 나타났다. 업무경력은 세 집단 모두 비슷하게 5년 이상 10년 미만, 15년 이상, 10년 이상 15년, 1년 이상 5년 미만, 1년 미만 순으로 5년 미만의 조직원들이 강점을 많이 활용하지 못하는 걸로 나타났다. 학력별로는 대졸이상이 총집단 90%, 저집단 85.%, 고집단 95.5%이고 고등학교 졸업자는 저집단에 더 많이 분류되었고 대학원 졸업자는 저집단보다 고집단에 더 많이 분포되어 있었다(24명 대 39명).

직급별로는 총집단에서 대리 27.8%, 사원 23.7%, 과장 19.6%, 차장 15%, 부장 10.4%, 임원 3.5% 순으로 나타났으며 전체 13.9%를 차지하고 있는 부장과 임원급에서는 저집단이 7.8%, 고집단이 20%로 나타났다. 저집단에 사원, 대리 과장급이 더 많고 차장급에는 비슷하고 부장, 임원급에서는 고집단에 거의 두 배로 더 많이 분포되어 있는 것으로 나타났다. 업종별로는 제조/생산이 20.7%, 금융 및 보험이 15.7%, 유통업이 15.4%, 서비스업이 23%, 연구개발이 3.9%, IT/정보통신이 21.3%로 나타났고 집단별 분포를 보면 저집단에 제조/생산, 금융 및 보험, 유통업이, 고집단에는 서비스업(교육포함), 연구개발업, IT정보통신에 더 많이 분포되어 있다.

표 18 표본 특성

구분		총집단 (N=460)		저집단 (N=241)		고집단 (N=219)	
문항	항목	빈도	백분율	빈도	백분율	빈도	백분율
성별	남자	284	61.7%	134	55.6%	150	68.5%
	여자	176	38.3%	107	44.4%	69	31.5%
연령	20대	72	15.7%	42	17.4%	30	13.7%
	30대	231	50.2%	119	49.4%	112	51.1%
	40대	127	27.6%	66	27.4%	61	27.9%
	50세 이상	30	6.5%	14	5.8%	16	7.3%
업무 경력	1년 미만	31	6.7%	17	7.1%	14	6.4%
	1년 이상 - 5년 미만	78	17.0%	42	17.4%	36	16.4%
	5년이상 - 10년 미만	127	27.6%	68	28.2%	59	26.9%
	10년 이상 - 15년 미만	108	23.5%	57	23.7%	51	23.3%
	15년 이상	116	25.2%	57	23.7%	59	26.9%
학력	고등학교 졸업	46	10.0%	36	14.9%	10	4.6%
	대학교 졸업	351	76.3%	181	75.1%	170	77.6%
	대학원 졸업	61	13.3%	23	9.5%	38	17.4%
	박사학위 소지	2	0.4%	1	0.4%	1	0.5%
직급	사원	109	23.7%	60	24.9%	49	22.4%
	대리	128	27.8%	68	28.2%	60	27.4%
	과장	90	19.6%	59	24.5%	31	14.2%

구분		총집단 (N=460)		저집단 (N=241)		고집단 (N=219)	
	차장	69	15.0%	34	14.1%	35	16.0%
	부장	48	10.4%	16	6.6%	32	14.6%
	임원	16	3.5%	4	1.7%	12	5.5%
업종	제조/생산	95	20.7%	61	25.3%	34	15.5%
	금융 및 보험	72	15.7%	42	17.4%	30	13.7%
	유통업	71	15.4%	41	17.0%	30	13.7%
	서비스업(교육 포함)	106	23.0%	53	22.0%	53	24.2%
	연구개발업 이상	18	3.9%	7	2.9%	11	5.0%
	IT/정보통신	98	21.3%	37	15.4%	61	27.9%

제2절 실증분석

(1) 신뢰도와 타당도 분석

이 연구에서는 측정 개념의 신뢰성을 측정하기 위해 Cronbach's α 계수를 이용하였으며, 타당성을 분석하기 위하여 탐색적 요인분석을 실시하였다. 측정문항 중 다른 요인에 분류되거나 신뢰성을 떨어뜨리는 문항을 발견하여 1차적으로 제거하였는데 이에는 조화열정 6개 문항중 1문항이 포함되어 있다. 신뢰도 분석결과 Cronbach's α 계수가 모든 잠재변수에 대해 0.8이상으로 매우 신뢰도가 높은 것으로 나타났다.

측정모형을 분석한 결과를 Bollen(1989)이 제안한 측정문항들과 변수(구성개념)간의 요인부하값(λ 값)을 검토한 결과 잠재개념과 관찰변수간의 관계에 대한 모수추정치는 모두 0이 아닌 것으로 나타났고, 다중상관제곱값(Squared Multiple Correlation: SMC)은 대부분 0.4이상을 나타내었다. 다만 지각된 성과의 관찰변수인 ITP4가 0.4에 약간 미달하였으나 이 변수는 분석에 포함시키기로 하였다.

표 19 확인적 요인분석

잠재 변수	관찰 변수	표준화 요인 부하값	요인 부하값	표준 오차	t-통계량	다중상관 자승 (SMC)	복합 신뢰도
조화 열정 (5문항)	HPS1	0.712	0.840	0.052	16.041***	0.508	0.907
	HPS2	0.802	1.000			0.643	
	HPS3	0.835	0.982	0.050	19.485***	0.697	
	HPS4	0.694	0.771	0.050	15.550***	0.482	
	HPS5	0.819	0.942	0.049	19.050***	0.671	
집중 (3문항)	CET1	0.804	0.893	0.049	18.111***	0.646	0.893
	CET2	0.808	1.000			0.652	
	CET3	0.860	0.983	0.051	19.137***	0.739	
지각된 성과 (5문항)	ITP1	0.805	0.912	0.046	20.017***	0.648	0.928
	ITP2	0.859	1.000			0.737	
	ITP3	0.807	0.908	0.045	20.082***	0.651	
	ITP4	0.590	0.734	0.056	13.185***	0.348	
	ITP5	0.686	0.853	0.053	16.025***	0.470	

*** p〈0.001

한편 Fornell과 Larcker(1981)는 확인적 요인분석으로부터 λ값에 근거하여 계산한 내적일관성값 (internal consistency value 혹은 internal consistency reliability)으로 측정타당성을 평가할 수 있다고 하였는데 이 값은 특정지표의 개념신뢰도(composite reliability)를 나타낸다. 〈표 19〉에서 개념신뢰도는 최소 0.893의 값을 가져 0.6내지 0.8 이상을 요구하는 일반적인 기준을 충족하고 있다. 이 측정 모형의 전반적 적합도는 χ^2 =185.605(P〈0.000), 자유도(d.f.)=61, χ^2/d.f.=3.043, GFI=0.942(0.9이상 우수), AGFI=0.914(0.85이상 우수) RMR값은 0.05이하일 경우 만족스러운데 0.034로 나타났고 0.9이상이면 우수한 NFI와 GFI는 각각 0.945와 0.962으로 나타나, 전체적으로 전반적 적합도의 요건을 대체로 만족스럽게 충족하고 있다. 판별타당성 검토를 위해 Fornell과 Larcker(1981)가

정의한 바와 같이 AVE 제곱근값이 각 잠재변수의 상관계수보다 크면 잠재변수간의 판별타당도를 확보했다고 볼 수 있는데 AVE 제곱근 값 중 가장 작은 값(0.756)이 상관계수의 가장 큰 값(0.572)보다 크게 나타나 〈표 20〉에서와 같이 측정도구의 판별타당성을 확보했음을 확인할 수 있었다.

▌표 20▐ 상관관계 분석

개념	조화열정	집중	지각된성과
조화열정	**0.775**		
집중	0.522	**0.824**	
지각된 성과	0.535	0.572	**0.756**

*상관계수의 대각선 굵게 표시된 값은 AVE의 제곱근 값임.

(2) 구조모형 경로 분석

기본모형의 자료(N=460)를 투입하여 Maximum Likelihood법으로 모수를 추정한 결과 전반적 적합도는 χ^2=185.605(p〈0.000), 자유도(d.f.)=61, χ^2/d.f.=3.043, RMR=0.034, GFI=0.942, AGFI=0.914, NFI=0.945, CFI=0.962 등으로 나타났다. 이 결과는 대체로 만족할만한 수준에 도달해 연구모형 내의 개념들 간의 관계를 결합적으로 설명하는데 무리는 없을 것 같다. 경로계수 및 영향력의 정도는 〈표 21〉에 나타나 있다.

▌표 21▐ 구조모형 경로계수

가설	경로	표준화 경로계수	비표준화 경로계수	표준 오차	t-통계량	가설
H1	조화열정→지각된 성과	0.325	0.259	0.044	5.924***	채택
H2	집중→지각된 성과	0.403	0.322	0.045	7.152***	채택

χ^2=185.605(p=0.000), 자유도(d.f.)=61, χ^2/d.f.=3.043, RMR=0.034, GFI=0.942, AGFI=0.914, NFI=0.945, CFI=0.962

*** p〈0.001

조직원의 조화열정이 지각된 성과에 미치는 영향력을 살펴보면 비표준화경로계수 0.259로 나타났는데 이는 조화열정 1단위 증가는 지각된 성과에 0.259만큼 영향을 미친다는 의미이다. 그리고 이들 간의 관계는 t값이 5.924 및 유의확률(p값)은 0.001로 나타나 조화열정은 지각된 성과에 유의한 정(+)의 영향을 미치고 있다. 마찬가지로 집중도 지각된 성과에 미치는 영향은 유의확률이 0.001로 나타나 유의한 정(+)의 영향을 미치고 있다. 따라서 가설 1과 가설 2는 채택되었다.

(3) 집단 차이 분석

집단간 차이 분석을 위해 기본적으로 조화열정, 집중, 지각된 성과에 대한 세부요인별 강점활용 저집단과 고집평균의 차이가 있음을 확인할 수 있었다. 강점활용 저집단과 고집단간의 변수 차이를 분석하기 위해 〈표 24〉와 같이 강점활용에 따른 변수들의 통계량 및 집단 간 T-test 분석을 실시하였다.

| 표 22 | 저집단과 고집단 평균차이 및 T-test

변수	집단	N	평균	표준편차	t-통계량	평균차이
조화열정	저집단	241	15.643	3.160	-14.763***	4.11
	고집단	219	19.748	2.765		
집중	저집단	241	9.510	2.225	-8.359***	1.68
	고집단	219	11.191	2.074		
지각된 성과	저집단	241	17.481	2.670	-12.202***	2.83
	고집단	219	20.310	2.259		

*** $p<0.001$

이에 따라 t-통계량이 조화열정 -14.763, 집중 -8.359, 지각된 성과 -12.202로 저집단과 고집단 간 평균의 차이가 있음을 확인할 수 있었다. 강점활용 저집단과 고집단 간 평균차이는 조화열정(4.11), 지각된 성과(2.83), 집중(1.68)순으로 나타나 강점활용에 따라 조화열정에 대한 차이가 크게 나타내는 것으로 확인할 수 있었다.

또한 집단 간 경로계수의 차이를 분석하기 위해 다집단구조방정식(MSEM)을 실시하였는데(Bollen, 1989; Byrne, 2001; 박동진·김정희·송혁종·이재철·박이섭, 2007) MSEM 적용절차를 기반하여 강점활용 저집단과 고집단별 동시분석을 통해 2가지 경로계수(γ 추정치)의 불변성을 검정하였다. 결과적으로 〈표 23〉와 같이 조화열정이 지각된 성과에 미치는 경로 계수에서 저집단에서는 기각(0.057)이 되고 고집단에서는 채택(0.006)됨으로써 두 집단 간 차이가 나타날 것이라는 가설 3은 유의미한 것으로 나타났다. 반면 집중이 지각된 성과에 미치는 경로 계수는 저집단(0.001)과 고집단(0.001) 모두 채택되어 강점활용에 따른 집단별 차이가 나타나지 않아 가설 4가 기각되었음을 확인할 수 있었다. 결국 강점활용의 정도에 따라 조화열정은 지각된 성과에 차이를 나타내는 반면 집중 요인은 강점활용 정도에 따라서는 큰 차이를 나타내지 않는 것으로 확인되었다.

| 표 23 | 집단간 경로계수 차이검증

경로	집단	비표준화 경로계수	표준화 경로계수	표준오차	t-통계량
조화열정→ 지각된성과	저집단	0.110	0.140	0.058	1.903
	고집단	0.214	0.239	0.078	2.731**
집중→ 지각된성과	저집단	0.361	0.471	0.062	5.787***
	고집단	0.193	0.278	0.06	3.241***

*p〈0.05, **p〈0.01, ***p〈0.001

제3절 소결론

분석 결과 첫째, 강점활용으로 영향을 받을 수 있는 심리적 변인인 조화열정과 집중이 지각된 성과에 정(+)의 영향을 미치고 있다는 것을 검증하는 결과를 보여주었다. 조화열정을 경험하는 조직원들은 자신의 잠재력을 충분히 발휘해 자신의 일에 시간과 에너지를 투자하고 자율적으로 내면화시켜 더 나은 성과를 낸다는 기존의 연구들과 일치하는 결과이다(Forest *et al.*, 2012; Carpentier, Mageau, & Vallerand, 2012; Ho, Wong, & Lee, 2011). 또한 강점을 활용하면 높은 집중도를 경험하고 업무에 대한 인지적 자원이 풍부해져 상세한 것에도 주의를 기울이고 정보 처리 능력이 높아져 더 높은 업무 성과를 성취해 낼 수 있다는 연구 결과들을 지지하고 있다(Demerouti, 2006; Engeser & Rheinberg, 2008; Landhauber & Keller, 2012).

둘째, 강점활용 수준의 집단 간 차이는 조화열정과 지각된 성과에서는 두 집단 간 차이가 있음을 보여주었다. 이는 강점활용을 많이 하는 집단은 강점활용을 통해 자기다움을 느끼고 자신의 정체성을 형성하고 강화할 수 있는 긍정적인 경험을 하며 이러한 경험과정을 통해 내재적으로 동기부여가 돼 잠재력을 발휘하게 된다. 자기결정이론 관점에서 강점활용에 관한 연구결과(Kong & Ho, 2016)에 의하면 개인이 강점을 활용할 때 활동을 즐거워 하고 흥미있어 하며 자율적으로 동기부여가 된다. 또 자율적인 동기부여는 태도, 웰빙과 성과에도 영향을 미친다(Gagne, M. & Deci, 2005; 홍현경·정규엽·김원희, 2012). 즉 조직원들은 강점을 활용할 때 자신에 대해 좋은 느낌을 가지게 되고 내재적으로 동기부여가 돼서 업무를 하게 된다(Linley *et al.*, 2010). 이런 과정에서 조화열정에 영향을 미치게 되고 높은 조화열정을 가진 사람은 자기결정이론(Ryan & Deci, 2000)에서 설명하는 것과 같이 자신의 선택에 의해 자발적으로 업무를 수행하며, 더 강한 일의 의미를 느끼게 될 것이다.

셋째, 집중은 지각된 성과에는 정(+)의 영향을 미치지만 집중과 지각된 성과와의 관계에서는 강점활용 수준의 집단간에는 큰 차이가 없는 것으로 나타났다. 집중(absorption)은 자신의 업무에 깊이 빠져 시간이나 주변의 상황을 잊어버릴 정도의 상태를 가리킨다(Bakker, 2005 ; Csikszentmihalyi, 1990). 그러나 이러한 집중은 단순히 강점활용을 강화한다고 발생하는 것이 아니라 Linley & Joseph(2004)이 주장한 것처럼 즐거움과 내재적 동기가 집중 요인과 함께 활성화되어야 강점 활용과 연동되어 시너지를 발생시킬 수 있는데, 본 연구에서 제시한 단순 집중 요인은 집중을 하면 지각된 성과에 영향을 미칠 수 있는 긍정적 요인이 되지만 반드시 강점활용을 많이 하는 집단의 집중이 지각된 성과에 더 영향을 미친다고 볼 수 없음을 보여준다. 이는 곧 강점활용을 통해 지각된 성과를 강화시키기 위해서는 조직원의 집중 보다는 조화열정 요인을 통한 접근이 훨씬 더 유리할 수 있음을 보여준다.

V 결론 및 시사점

제1절 연구의 시사점

본 연구는 긍정심리학 기반 강점활용이라는 연구주제를 가지고 문헌연구와 실증연구를 수행하였다. 첫째, 국내 긍정심리학 기반 및 긍정조직에 대한 문헌연구를 실시하여 지난 11년간의 연구 트렌드를 확인하고 향후 긍정조직에 관한 연구를 위한 기초적인 자료를 제공하고 긍정조직 연구 주제와 발전적 연구 방향을 제시하였다. 둘째, 긍정심리학의 중요한 심리적 변수들 중의 하나이며 국내의 조직을 대상으로는 거의 연구가 되지 않은 강점에 대해 연구하였다. 그래서 조직 구성원 개인의 강점 활용이 실제 조직 내 지각된 성과와 삶의 만족에 긍정적 영향을 미치는지 확인하고자 했다. 특히 이러한 관계 구조에서 강점활용이 개인의 조화열정, 긍정정서, 집중 요인을 통해 지각된 성과와 삶의 만족으로 연결되는 경로모형을 검증함으로써 강점활용의 이론에 기여하고 조직 내 구성원의 강점 활용의 영향 범위와 강화의 중요성을 시사하고자 했다. 셋째, 강점활용을 함으로써 영향을 미칠 수 있는 조직원 개인의 심리 변수들 중 개인의 특성과 업무를 수행하는 과정에서 개인이 보일 수 있는 업무수행 행동이 지각된 성과에 영향을 줄 수 있다는 면에서 조화열정과 집중을 변수로 선택하였으며 더 나아가 강점활용 수준차이에 따른 두 집단 간 차이를 실증적으로 분석함으로써 강점활용을 통한 조직원의 개인 역량 강화 및 조직성과 향상에 대한 구체적인 관계성을 입증하고 이를 위한 시사점을 제시하였다.

국내 긍정심리학 기반 연구들을 긍정심리학을 이론적 근거로 한 연구들, 이 연구들 중 조직원을 대상으로 하고 조직에 시사점을 주는 연구들, 이들 연구들 중 경영학 관점의 연구들의 세단계로 분류하고 분석하였다. 국내연구들은 첫 째 2010년을 기점으로 활발하게 학문영역을 확장하면서 발표되고 있음을 알 수 있었다. 경영학 측면에서도 긍정조직에 관심이 높아짐에 따라 최근에 연구가 많아지고 있음을 알 수 있었다.

긍정심리학 기반연구들의 사용된 긍정심리변수들을 분석해보면 266편중에 150편이 긍정심리자본 (56.4%)으로 절 반 이상을 차지하고 있긴 하지만 감사 18편, 행복과 긍정탐구가 각각 15편, 강점 12편이고 10편미만 연구들의 주제는 긍정정서, 웃음, 희망, 낙관성, 활력, 덕, 긍정심리 성향, 명상, 희망, 주관적 안녕, 심리적 웰빙, 몰입(Flow), 긍정심리 기반 개입을 통한 치료등 상대적으로 다양한 편이었다.

긍정조직에 대한 연구 141편에 사용된 변수는 긍정심리자본이 124편(87.9%)으로 가장 큰 비중을 차지하고 있다. 그 다음으로는 긍정탐구 10편, 긍정심리학 적용과 조직에 대한 논문 3편, 그리고 강점, 재미, 감정노동에 대한 논문 각각 1편씩 발표되었다. 경영학 관점에서 연구 44편중에는 긍정 심리자본이 38편(88.6%), 긍정탐구 및 긍정탐구 리더십이 5편, 그리고 긍정심리학의 조직적용에 대한 것 1편으로 긍정심리자본이 대다수를 차지하고 있다.

결국 긍정조직학에 대해서도 논의는 되고 있으나 실제 연구 결과물로는 존재하지 않고 있으며, POB의 대표 변수인 긍정심리자본 연구에 매우 치중되어 있음을 알 수 있다. 국내 긍정심리학기반 연구들에 56.4%, 긍정조직연구에 87.9%, 경영학 측면에서의 긍정조직 연구에서는 88.6%를 차지함으로서 그 의존도가 매우 높게 나타났다. 긍정심리자본은 조직의 성과향상을 위해 측정될 수 있고, 개발 가능하며, 효과적으로 관리 될 수 있는 인적 자원의 개인의 긍정적인 강점들과 심리적 역량들에 대한 연구와 응용으로 정의되는(Luthans, 2002) 긍정조직행동 변수로서의 기준에 잘맞기 때문에 연구가 많이 되겠으나 감사, 강점, 몰입, 명상, 긍정정서, 활력등 다양한 긍정심리변수들에 대한 연구는 국내에서는 거의 찾아 볼 수 없었다.

3장의 조직 내 구성원 개인의 강점활용이 구성원의 조화열정, 긍정정서, 집중

요인을 통해 실제 조직 내 지각된 성과와 삶의 만족에 미치는 영향 관계를 분석한 결과 구성원의 강점활용은 조화열정, 긍정정서, 집중 요소를 향상시키며, 이를 통해 지각된 성과와 삶의 만족에 정적인 영향을 미치는 것으로 나타났다. 다만 강점활용을 통해 집중 요인이 향상되어도 이를 통해 성과는 향상될 수 있으나 삶의 만족 자체에 영향을 미치지 않는 것으로 나타나 조화열정, 긍정정서와는 달리 집중 요인은 지각된 성과에만 영향을 미친다는 사실을 발견할 수 있었다. 결국 개인들이 최적의 수행과 최고의 역량을 발휘하게 하는 특질로 정의되는 개인의 강점은(Wood *et al*, 2011) 이제 조직행동 및 조직 개발적 측면에서 고려되어야 하며, 이러한 측면에서 본 연구는 강점 활용이 조직원의 조화열정, 긍정정서, 집중의 요소를 강화하여 결과적으로 지각된 성과에 긍정적 영향을 미친다는 사실을 뒷받침하고 있다.

4장의 실증연구는 조직내 강점활용과 지각된 성과의 관계에서 조직원의 강점활용수준에 따른 집단별 차이가 있는지 알아보기 위해 강점활용을 함으로써 영향을 미칠 수 있는 조직원 개인의 심리 변수들 중 개인의 특성과 업무를 수행하는 과정에서 개인이 보일 수 있는 업무수행 행동이 지각된 성과에 영향을 줄 수 있다는 면에서 조화열정과 집중을 변수로 선택하여 강점활용 수준차이에 따른 두 집단 간 차이가 있는지를 검증해보았다. 분석결과 조직원들의 조화열정과 집중은 지각된 성과에 긍정적인 영향을 미치는 것으로 나타났다. 특히 조화열정과 지각된 성과의 관계에서는 강점 활용 정도에 따른 고집단과 저집단을 비교했을 때 고집단에서만 유의미한 관계가 나타나는 것으로 확인되어 조화열정과 같은 조직원의 심리적 변인들을 성과로 연결시키는데 있어서 강점활용이 영향요인으로 작용할 수 있음을 확인할 수 있었다. 이는 곧 강점활용을 통해 지각된 성과를 강화시키기 위해서는 조직원의 집중 보다는 조화열정 요인을 통한 접근이 훨씬 더 유리할 수 있음을 보여준다.

본연구의 학문적 시사점은 다음과 같다. 첫째, 국내 긍정조직 연구들은 2007년부터 발표되기 시작해 최근 4년 동안 86.5%가 발표되었고 국내 경영학 학술지에도 지난 4년간 발표된 논문이 79.5%을 보이면서 계속 증가추세를 보이고 있다. 그러나 국내 긍정심리기반 연구들에 사용된 긍정심리변수들은 POB의 긍정심리자본에 매우 편중되어 있고 경영학 관점에서 발표된 39편의 실증연구 38편(97.4%)이 긍정심리자본에 대한 것이다. 이는 POB의 감사, 강점, 명상, 몰입, 긍정정서, 활력 등 더 다양한 심리적 변수들을 사용해 다양한 측면에서 효과성을 검증하는 연구가 필요함을 보여주고 있다.

또한 2013년 이후 Appreciative Inquiry(긍정탐구, 이하 AI)에 대한 실증연구 1편 문헌연구 3편이 발표되었다. AI는 모든 조직과 공동체들이 반드시 긍정적인 요소와 강점요소들을 풍부하게 가지고 있다고 가정하며, 약점 개선에 집중하기 보다는 모든 조직과 공동체들이 반드시 긍정적인 현재 보유하고 있는 긍정적인 요소와 강점에 집중하게 함으로써 조직의 경쟁우의 요소를 찾아내고 이를 확장해 나가도록 도와주는 조직변화관리기법이다(Cooperrider & Whitney, 2005). AI에 대한 국내 연구는 아직 도입단계이며 기존의 국외연구들을 개관적인 연구로 분석하고 시사점을 파악하고 있는 것으로 보인다. AI 연구가 성장하게 되면 아직까지 개인차원 위주로 진행된 POB연구에 POS 관점에서 팀과 조직차원에서 적용할 수 있는 대안이 될 수 있을 것이다(Meyers *et al.*, 2013). 이런 과정을 통하여 조직원 개개인이 가지고 있는 긍정자원들이 어떻게 팀과 조직에서 발휘되고 긍정적인 결과로 발전될 수 있는지에 대한 이해를 높일 수 있을 것이다.

둘째, 학술적인 측면에서 학생이나 특정 집단이 아닌 일반 기업 내 조직원들을 대상으로 강점 활용에 대한 효과성을 실증적으로 연구하여 분석 결과를 제시했다는 의의를 가진다. 특히 직장생활이 일과 삶, 두 가지 측면을 모두 의미하는 점을 반영하여, 개인의 지각된 성과와 더불어 구성원 개인에게 업무능력발휘, 대인관계, 자신이 직면하고 있는 문제해결 등에 긍정적으로 작용할 뿐만 아니라(Lyubomirsky *et al.*, 2005), 정신적 및 육체적 건강을 유지하는 데에도 기여한다는 맥락에서 삶의 만족을 결과변수로 함으로써 강점 활용 개념을 더 확장시켜 향후 관련 실증연구들을 위한 선구적 연구 결과를 제시했다는데서 의의를 살펴볼 수 있다

셋째, 강점활용이 지각된 성과에 어떤 심리적 경로를 통해 영향을 미치는지에 대한 연구가 필요하다고 하였는데(Asplund & Blacksmith, 2012; Linley *et al.*,

2010) 이 경로에서 영향을 미치는 심리적 변인들 중에 조화열정, 긍정 정서, 집중의 효과성을 검증했다는 것이다. 즉 강점활용을 강화하면 이는 조화열정, 긍정정서, 집중에 영향을 미쳐 더 나은 지각된 성과 삶의 만족을 만들 수 있다는 것이다(집중 요인 제외).

넷째 조직차원과 개인차원에서 조직의 긍정심리의 수준을 향상시킬 수 있는 선행변수로서 개인의 강점이 활용될 수 있는지 또 강점활용이 실제 업무를 할 때 직무자원으로 활용될 수 있는지에 대한 연구가 필요하다(Bakker & Demerouti, 2014)라고 했는데 본 연구에서는 이를 개인차원에서 실제 국내 조직원들을 대상으로 검증함으로서 조직에서 긍정심리수준을 향상시킬 수 있는 선행변수의 영역을 확장하고 강점활용이 조직의 직무요구를 완화할 수 있는 중요한 직무자원으로서 조직원의 태도와 최적의 수행을 위한 선행요인이 될 수 있음을 제시하고 있다.

다섯째, 구성원들의 강점 활용이 측정가능하고 개발될 수 있고 성과를 향상시킬 수 있다는 것을 실증적으로 검증함으로서 POB의 또 다른 변수로서의 가능성과 지나치게 긍정심리자본 연구에 치중되어 있는 POB연구의 또 다른 주제가 될 수 있는 계기를 마련하였다.

실무적 시사점은 첫째, 결국 개인들이 최적의 수행과 최고의 역량을 발휘하게 하는 특질로 정의되는 개인의 강점은(Wood *et al*, 2011) 이제 조직행동 및 조직개발적 측면에서 고려되어야 하며, 이는 곧 구성원의 강점 활용에 대한 보다 전략적이고 체계적인 접근이 필요함을 의미한다. 기업들에게 인재개발 경영에 있어 강점을 인식, 활용하고 개발을 권장하는 것은 성과는 물론 조직원들의 삶의 만족을 촉진하는 방법이 될 것이다.

둘째, 개인차원에서 구성원들은 개인 강점을 알고 활용을 최대화함으로서 (Buckingham, 2007; Roberts *et al*., 2005) 업무에 적용할 수 있으며, 팀 차원에서 팀장들은 팀원들의 강점에 대해 적극적으로 더 앎으로서 강점활용과 개발을 최적화시키는 방향으로 업무들을 재배치할 수 있을 것이다(Buckingham, 2007; Clifton & Harter, 2003; Linley, 2008). 나아가 조직차원에서는 개인의 강점을 극대화하는 방향으로 인력개발 프로세스를 제공하여 업무 설계, 경력개발, 성과평가 시스템 및 교육 등의 관련 인력개발 시스템적 접근을 고민해 볼 수 있을 것이다.

셋째, 특히 강점기반 조직을 만드는데 가장 큰 영향을 미칠 수 있는 리더들을 어떻게 훈련시키고 개발해야하는 지에 중요한 시사점을 제공할 것으로 보인다. 업무 현장에서 리더들은 조직원들의 성과 향상을 위해 개개인의 강점을 인정하고 활용할 필요가 있음을 강조할 수 있다. 특히 조화열정의 중요한 점은 스스로 가치를 부여하며 자율적으로 업무를 내재화하는 것이다. 이에 리더들은 팀원들이 하고 있는 일들이 중요하고 어떤 부분에 기여를 하고 있는지 느끼게 함으로서 조화열정을 고무시킬 수 있을 것이다.

제2절 연구의 한계 및 향후 연구 계획

본 연구의 수집된 자료는 어느 한 시점에서의 횡단적 연구 방법을 실시하였기 때문에 인과관계의 추론과 관련된 문제가 존재한다. 따라서 횡단면 분석의 한계점으로 역인과 관계의 가능성을 배제하기 어렵다. 또한 자기보고식 설문응답을 실시함에 따라한 사람에게서 종속변수와 독립변수를 모두 측정하여 동일방법편의가 발생할 수 있다. 동일방법편의를 확인하는 대표적인 방법으로 활용되는 Harman's single factor test (Podsakoff, MacKenzie, Lee, & Podsakoff, 2003)를 실시한 결과 탐색적 요인분석에서 고유값 1이상인 요인 5개 도출되었지만 첫 번째 요인이 설명하는 총 변량의 비중이 57.38%로 나타나서 인지적 측정과 선행 연구 자료들을 비교하여 편향성을 확인하는 방법이 부족했다는 연구의 한계를 가진다. 긍정정서와 조화열정 문항들이 요인분석을 통해 좀 조절되었는데 앞으로는 좀 더 구분이 명확한 요인들이 제시되어 연구되면 좋을 것 같다. 또한 모든 변수들이 자기보고(Self-report) 방식으로 측정되었다는 점에서 주관적 해석이 가능한 강점활용에 대한 이해수준과 지각된 성과에서 응답자의 실제 성과와는 차이가 있을 수도 있다는 한계를 가진다. 향후 이러한 한계를 극복하기 위해 매출, 평가 결과 등 객관적인 성과 요인과강점 진단을 실제로 한 뒤 강점활용에 대해 설문을 하거나 개입을 통한 종단적 연구등 조직에서의 강점활용에 영향을 미칠 수 있는 변인들에 대한 보다 발전적 연구를 제안할 수 있다. 더욱이 국내 기업 내 조직원을 대상으로 한 광범위한 맥락에서 연구를 설계한 만큼 차후 보다 구조적으로 인구통계학적 특성을 고려하여 연령별, 성별, 직급별, 연차별 등의 다양한 집단 간 차이점과 강점활용에 대한 특성을 비교 분석할 수 있는 연구가 제시될 수 있다.

Kong & Ho(2016)은 조직에서의 강점활용에는 맥락적 상황이 영향을 미치는데 이 중에서 가장 중요한 것은 리더의 역할이라고 주장한다. 그러므로 자율성, 역량, 임파워먼트, 신뢰성, 자기인식 등과 같은 리더십 행동들과 연계된 강점활용 및 강점기반 조직에 대한 연구가 필요할 수 있겠다. 또한 강점이 가지는 연구의 특성상 심리적 특성 및 변수들의 성격을 고려하여 다양한 개입방법과 효과성에 대한 종단적 접근의 연구가 계획될 수 있겠다. 마지막으로 본 연구에서는 조직원 개인을 강조하고 있으나 강점중심 프로그램이 조직 몰입도와 팀 효율성 향상에 효과적일 뿐만 아니라 조직원간의 상호 교류와 긍정적인 사고를 증진시킨다는 연구를 진행할 수 있을 것이다.

▣ 참고문헌

권석만(2009), 서울대 리더십 향상 프로그램의 운영을 위한 성격 강점 검사의 개발, 연구보고서

김광은, 윤유경, 권석만, 하승수(2010), “긍정심리학적 관점에서 본 사관생도의 성격적 강점과 행복 및 생활적응과 의 관계,” 한국심리학회지: 상담 및 심리치료, 22(1), 233-248.

김수림(2014), 청소년의 강점인식과 진로결정자기효능감의 관계: 강점활용의 매개효과, 석사학위논문, 광운대학교.

김정주(2010), 청소년의 성격적 강점과 학교생활 적응도 간의 관계, 석사학위논문, 충북대학교.

김정호(2007), “삶의 만족 및 삶의 기대와 스트레스 및 웰빙의 관계: 동기상태이론의 적용,” 한국심리학회지: 건강, 12(2), 325-345.

김준희, 이무연(2009), “레저스포츠 참여자들의 참여동기와 스포츠 몰입이 심리적 행복감에 미치는 영향,” 한국여가레크리에이션학회지, 33(4), 101-112.

김지영, 권석만(2013), “성격강점의 인식과 활용이 정신건강에 미치는 효과,” 한국심리학회지:임상, 32(4), 738-802.

김인선(2015), “직무요구- 자원 이론에서의 감정노동전략의 역할,” 한국콘텐츠학회논문지, 15(6), 432-444.

김창중(2014), “변혁적 리더십이 열정, 혁신행동 및 조직시민행동에 미치는 영향,” 한국콘텐츠학회논문지, 14(11), 871-882.

김초록, 신희천(2011), “긍정정서와 긍정적 대처의 종단적 인과관계,” 한국심리학회지: 상담 및 심리치료, 23(2), 451-469.

김혜민(2012), 성격강점활용이 정서노동자의 주관적 안녕감과 직무만족에 미치는 영향, 석사학위논문, 계명대학교.

노세리, 김미희, 이상민(2015), “직무요구와 창의적 성과의 관계: 일-가정 증진의 매개효과를 중심으로,” 조직과 인사관리 연구, 39(1), 65-92.

문용린, 원현주, 백수현, 안선영(2008), “부모가 지각한 아동의 성격강점 및 덕목 분석,”

인간발달연구, 15(4), 17-35.

맹지현(2011), 경력사원과 기존 사원의 성격 강점이 행복과 학습몰입에 미치는 영향, 석사학위논문, 한양대학교.

박동진, 김정희, 송혁종, 이재철, 박이섭(2007), "관계품질의 결정요인과 관계기간의 영향," 경영연구, 22(1), 303-329.

박부금, 이희경(2012), "강점활용척도의 타당화 연구," 한국심리학회지: 일반, 31(3), 599-616.

박상언(2016), "서비스직의 직장-가정갈등과 고객지향성: 긍정적 정서자원으로서의 심리적 안녕의 매개역할," 조직과 인사관리 연구, 40(2), 81-109.

박정현, 서은국(2005), "사람의 내-외적인 모습에 두는 상대적 비중과 행복관과의 관계," 한국심리학회지: 사회 및 성격, 19(4), 19-31.

박철호, 김성수(2011), "대학생의 여가몰입이 심리적 안녕감 및 자아실현에 미치는 영향," 관광연구저널, 25(2), 213-231.

백윤정, 김보영(2014), "서비스 직무 담장자의 직무관련 정서상태와 직무전념 간의 관계에서 감정표현규칙의 조절효과에 대한 연구," 조직과 인사관리 연구, 38(4), 55-76.

서재현(2015), "일의 의미가 조직몰입에 미치는 영향: 직무 재창조, 자부심, 조화열정을 중심으로," HRD연구, 17(4), 47-76.

설효민(2016), 대졸 신입사원의 성격 강점과 조직 몰입의 관계에서 행복과 직무 만족의 매개효과, 석사학위논문, 동아대학교.

심덕섭, 양동민, 하성욱(2010), "직무특성, 통제위치, 리더," 인사조직연구, 18(3), 175-216.

안선영(2010), 성격 강점에 대한 청소년의 자기 인식 연구, 석사학위논문, 서울대학교.

양봉희, 김동주(2012), "변혁적 리더십과 리더의 변화지향성이 조직 구성원의 혁신성과에 미치는 영향-가치일치의 조절효과," 기업경영연구, 17(4), 233-258.

양필석, 최석봉(2011), "심리적 자본이 직무만족 및 조직몰입에 미치는 영향과 내재적 동기부여의 매개효과," 인적자원관리연구, 12, 149-172.

원두리(2011), "성격 강점이 청소년의 안녕감과 적응적 대처방식에 미치는 영향," 한국

심리학회지: 건강, 16(1), 151-167.
우문식(2013), 긍정심리의 긍정정서와 성격강점이 조직성과에 미치는 영향, 박사학위 논문, 안양대학교.
유현숙(2005), “여성자본의 실태와 활용방안에 관한 연구 - 여성의 인적자 본 · 사회자본· 심리적 자본을 중심으로-,” 아시아 여성연구, 44(2), 222-259.
윤민지(2012), 긍정정서와 삶에 대한 만족 관계에서 긍정사고, 의미발견 및 의미추구의 매개효과 검증, 석사학위논문, 이화여자대학교.
이동섭, 조봉순, 김기태, 김성국, 이인석, 최용득(2009), “긍정심리학의 응용을 통한 인사조직연구의 새로운 접근,” 인사·조직연구, 17(2), 307-339.
이동섭, 최용득(2010), “긍정심리자본의 선행요인과 결과에 관한 연구,” 경영학연구, 39(1), 1-28.
이선규, 이다정(2016), “부하정서의 따른 진실리더십과 심리적자본이 창의성 및 직무결과에 미치는 영향,” 조직과 인사관리 연구, 40(1), 01-39.
이정언(2013), “기업 구성원의 직무에 대한 가치관과 직무성과의 관계,” 한국콘텐츠학회논문지, 13(3), 330-338.
이정훈, 차정익(2015), “진정성 리더십이 직무성과와 이직의도에 미치는 영향: 조직동일시의 매개효과를 중심으로,” 한국콘텐츠학회논문지, 15(12), 421-435.
이지영, 김명언(2008), “조직에서의 긍정 심리학의 적용: 긍정 조직학의 현주소와 지향점,” 한국심리학회지 산업 및 조직, 21(4), 677-703.
이창호(2005), “청소년들의 수월성 획득을 위한 플로우(Flow) 촉진 프로그램과 그 효과의 분석,” 상담학 연구, 6(2), 469-484.
정연종, 손승연(2015), “리더의 성취욕구가 리더십 행동에 미치는 영향 : 심리적 계약의 조절효과,” 조직과 인사관리 연구, 9(4), 111-136.
차동옥, 이정훈, 허일무, 김용재(2016), “윤리적 리더십이 부하들의 조직동일시와 직무스트레스에 미치는 영향:부하들의 조화로운 열정의 매개효과를 중심으로,” 한국콘텐츠학회논문지, 16(6), 761-773.
최은미(2009), 성격적 강점이 성인의 삶의 만족도와 주관적 행복감에 미치는 영향, 석사학위논문, 계명대학교.

황희정(2014), “여가경험에서의 플로우는 심리적 행복감에 영향을 미치는가? : 플로우, 몰입, 그리고 심리적 행복감을 중심으로,” 호텔관광연구, 16(1), 59-81.

홍현경, 정규엽, 김원희(2012), “자기효능감이 직무착근도, 혁신행동과 조직구성원 행동에 미치는 영향:근무형태에 따른 조절효과 중심으로,” 한국콘텐츠학회논문지, 12(5), 415-430.

Asplund J., Lopez S, Hodges T. & Harter J.K. (2007). The Clifton Strengths Finder Technical Report: Development and Validation. Princeton, NJ: Gallup.

Asplund J., & Blacksmith, N. (2012). Leveraging strengths. In K. S. Cameron & G. M. Spreitzer (Eds.), *The Oxford handbook of positive organizational scholarship*. New York, NY: Oxford University Press.

Astakhova Marina N. & Porter Gayle(2015). Understanding the work passion-performance relationship: The mediating role of organizational identification and moderating role of fit at work. *Human relations*, 68(8), 1315-1346.

Avey, J. B., Avolio, B. J., & Luthans, F. (2011). Experimentally analyzing the process and impact of leader positivity on follower positivity and performance. *Leadership Quarterly,* 22, 282–294.

Avey, J. B., Reichard, R.J., Luthans, F. & Mhatre, K. H. (2011). Meta-analysis of the impact of positive psychological capital on employee attitudes, behaviors, and performance. *Human Resource Development Quarterly*, 22(2), 127-152.

Avey, J. B., Luthans, F., Hannah, S., T., Sweetman, D. & Peterson, C. (2012). Impact of Employees' Character Strengths of Wisdom on Stress and Creative Performance. *Human Resource Management Journal*, 22(2), 165-181.

Bagozzi, R. P. & Yi, Y. (1988). On the evaluation of structural equation models. *Journal of the Academy of Marketing Science*, 16, 74-94.

Bakker, A. B., Demerouti, E., De Boer, E. & Shaufeli, W. B. (2003). Job Demands and Job Resources as Predictors of Absence Duration and Frequency. *Journal of Vocational Behavior*, 62, 341-356.

Bakker, A. B., Demerouti, E. & Verbeke, W. (2004). Using the Job Demands-Resources

Model to Predict Burnout and Performance. *Human Resource Management,* 43, 83-104.

Bakker, A. B. (2005). Flow among music teachers and their students: The crossover of peak experience. *Journal of Vocational Behavior*, 66, 26-44.

Bakker, A. B., & Schaufeli, W. B. (2008). Positive organizational behavior: Engaged employees in flourishing organizations. *Journal of Organizational Behavior*, 29, 147-154.

Bakker, A. B., & Demerouti, E. (2007). The Job Demands-Resources model: State of the art. *Journal of Managerial Psychology*, 22, 309-328.

Bakker, A. B., & Demerouti, E. (2014). Job Demands-Resources Theory. Work and Work wellbeing : Wellbeing: A Complete Reference Guide, 3, Willey Online Library.

Biswas-Diener, R., Kashdan, T. B., & Minhas. G. (2011). A dynamic approach to psychological strength development and intervention. *The Journal of Positive Psychology,* 6, 106-118.

Boezeman, E. J. & Ellemers, A. N. (2008). Pride and respect in volunteers' organizational commitment. *European Journal of Social Psychology*, 38, 159-172.

Bollen, K. A. (1989), *Structural Equations with Latent Variables*, John Wiley & Sons, Inc.

Boyd, C. M., Bakker, A. B., Pignata, S., Winefield, A. H., Gillespie, N. & Stough, C. (2011). A Longitudinal Test of the Job Demands-Resources Model among Australian University Academics. *Applied Psychology: An International Review*, 60, 112-140.

Buckingham, M. & Clifton, D. O. (2001). *Now, Discover Your Strengths*. New York, NY: Free Press.

Buckingham, M. (2007). *Go put your strengths to work.* New York, NY: Free Press.

Buschor, C., Proyer, R. T., & Ruch, W. (2013). Self and peerrated character strengths: How do they relate to satisfaction with life and orientations to happiness? *The Journal of Positive Psychology,* 8, 116-127.

Byrne, B. M. (2001). *Structural Equations Modeling with Amos: Basic Concepts, Applications, and Programming*. Lawrence Erlbaum Associates, Inc.:NJ.

Cameron, K. (2003). Organizational virtuousness and performance. In K.S. Cameron, J.E. Dutton, & R.E. Quinn (Eds.), *Positive organizational scholarship: Foundations of a new discipline,* 48–65. San Francisco, CA: Berret-Koehler.

Carpentier, J., Mageau, G. A., & Vallerand, R. J. (2012). Ruminations and flow: Why do people with a more harmonious passion experience higher well-being? *Journal of Happiness Studies*, 13, 501-518.

Chang, M. K. & Cheung, W. (2001). Determinants of the intention to use Internet at work: a confirmatory study. *Information and Management*, 39(1), 1-14.

Clifton, D., & Harter, J. K. (2003). Investing in Strengths In K.S. Cameron, J.E. Dutton, & R. E. Quinn (Eds.), *Positive organizational scholarship: Foundations of a new discipline* : 111-121, San Francisco, CA: Berret-Koehler.

Cohn, M. A., Fredrickson, B. L., Brown, S. L., Mikels, J. A., & Conway, A. M. (2009). Happiness Unpacked: Positive Emotions Increase Life Satisfaction by Building Resilience. *Emotion*, 9, 361-368.

Cohn, M. A., & Fredrickson, B. L. (2010). In search of durable positive psychology interventions: Predictors and consequences of long-term positive behavior change. *Journal of Positive Psychology*, 5, 355–366.

Cooperrider, D. & Whitney, D. (2005). *Appreciative Inquiry : A Positive Revolution in Change*. Berrett-Koehler Publishers.

Csikszentmihalyi, M. (1990). *Flow: The psychology of optimal experience*. New York, NY: Harper Collins.

Csikszentmihalyi, M. (2000). *Beyond boredom and anxiety.* San Francisco, CA, US: Jossey-Bass Beyond boredom and anxiety.

Csikszentmihalyi, M. (2003). *Good business: Leadership, Flow and the making of meaning*. New York, NY: Viking.

Demerouti, E., Bakker, A. B., Nachreiner, F., & Schaufeli, W. B. (2001). The job demands-resources model of burnout. *Journal of Applied Psychology*, 86, 499－512.

Demerouti, E. (2006). Job characteristics, flow, and performance: The moderating role of conscientiousness. *Journal of Occupational Health Psychology*, 11, 266-280.

Diener, E., Emmons, R. A., Larsen, R. J. & Griffin, S. (1985). The satisfaction with life scale. *Journal of Personality Assessmen*t, 49, 71-75.

Diener, E., Wirtz, D., Diener B., Tov. W., Kim-Prieto. C., Choi. D. & Oishi. S. (2009). New Measures of Well-Being, E. Diener (ed.), *Assessing Well-Being: The Collected Works of Ed Diener*, Social Indicators Research Series 39.

Diener, R. B. & Dean, B. (2010). *Positive Psychology Coaching: Putting the Science of Happiness to Work for Your Clients.* Hoboken, New Jersey: John Wiley & Sons, Inc.

Donaldson, S. I. & Ko, I. (2010). Positive organizational psychology, behavior, and scholarship: A review of the emerging literature and evidence base. *The Journal of Positive Psychology,* 5(3), 177-191.

Donaldson, S.I., Dollwet. M & Rao. M. A. (2015). Happiness, excellence, and optimal human functioning revisited: Examining the peer-reviewed literature linked to positive psychology, *The Journal of Positive Psychology*: *Dedicated to furthering research and promoting good practice*, 10(3), 185-195

Douglas, R. P. & Duffy, R. D. (2014). Strength use and life satisfaction : A moderated mediation approach, *Journal of Hapiness Studies*, 16(3), 619-632.

Drucker, P. F. (1967). The effective executive. London: Heinemann. The Collected Works of Ed Diener, Social Indicators Research Series 39.

Dubreuil, P., Forest, J. & Courcy, F. (2014). From strengths use to work performance: The role of harmonious passion, subjective vitality, and concentration. *The Journal of Positive Psychology*, 9, 335-349.

Engeser, S. & Rheinberg, F. (2008). Flow, performance and moderators of challenge-skill balance. *Motivation and Emotion,* 32(3), 158-172.

Eisenberger, R., Jones, J. R., Stinglhamber, F., Shanock, L. & Randall, A. T. (2005). Flow experiences at work: For high need achievers alone? *Journal of Organizational Behavior,* 26, 755-775.

Forest, J., Mageau, G. A., Crevier-Braud, L., Bergeron, E., Dubreuil, P. & Lavigne, G. L. (2012). Harmonious passion as an explanation of the relation between signature strengths' use and well-being at work: Test of an intervention program. *Human Relations,* 65, 1233-1252.

Fornell, C. & Larcker, D. F. (1981). Evaluating structural equation models with unobservable variables and measurement error. *Journal of Marketing Research,* 58, 39-50.

Fornell, C., S. Mithas, F. V. & Morgeson Ⅲ. (2009). The economic and statistical significance of stock returns on customer satisfaction. *Marketing Science,* 28(5), 820-825.

Fox, J. (2008). *Your child's strengths: Discover them, develop them, use them.* New York, NY: Penguin.

Fredrickson, B. L. (2001). The role of positive emotion in positive psychology: the broaden-and-build theory of positive emotions'. *American Psychologist,* 56(3), 218-226.

Fredrickson, B. L. (2003). The value of positive emotions, *American Scientist,* 91, 330-335.

Fredrickson, B. L., Cohn, M. A., Coffey, K. A., Pek, J., & Finkel, S. M. (2008). Open hearts build lives: Positive emotions, induced through loving-kindness meditation, build consequential personal resources. *Journal of Personality and Social Psychology*, 95, 1045–1062.

Gagne, M. & Deci, E. L. (2005). Self-determination theory and work motivation. *Journal of Organizational Behavior,* 26, 331-362.

Gallup(2013). Employee Engagement Insights for Business LEADERS World Wide, Gallup, Inc'.

Gander, F., Proyer, R. T., Ruch, W., & Wyss, T. (2012). The good character at work: An initial study on the contribution of character strengths in identifying healthy and unhealthy work-related behavior and experience patterns. *International Archives of Occupational and Environmental Health*, 85, 895-904.

Gander, F., Proyer, R. T., Ruch, W. & Wyss, T. (2013). Strength-based positive interventions: Further evidence for their potential in enhancing well-being and alleviating depression. *Journal of Happiness Studies*, 14, 1241-1259.

Gefen, D., Straub, D. W. & Boudreau, M. C. (2000). Structural equation modelling and regression: Guidelines for research practice, *Communications of the Association for Information Systems*, 4(1), 7-24.

Govindji, R & Linley, PA(2007). Strengths use, self-concordance and well-being: Implications for strengths coaching and coaching psychologists. *International Coaching Psychology Review*, 2(2), 143-153.

Haldane, B. (1947). A pattern for executive placement. *Harvard Business Review*, 25, 652–663.

Harzer, C. & Ruch, W. (2012). When the job is a calling: The role of applying one's signature strengths at work. *The Journal of Positive Psychology*, 7, 362-371.

Harzer, C. & Ruch, W. (2013). The application of signature character strengths and positive experiences at work. *Journal of Happiness Studies*, 14, 965-983.

Ho, V. T. & Pollack, J. M. (2014). Passion isn't always a good thing: Examining entrepreneurs' network centrality and financial performance with a dualistic model of passion. *Journal of Management Studies*, 51, 433-459.

Ho, V. T., Wong, S. & Lee, C. H. (2011). A tale of passion: Linking job passion and cognitive engagement to employee work performance. *Journal of Management Studies*, 48, 26-47.

Hodges, T. D. & Asplund, J. (2010). Strengths development in the workplace. In Linley, P., Harrington, S. & Garcea, N. (Eds.), *Oxford handbook of positive psychology and work* : 213-220, New York, NY: Oxford University Press.

Hodges T. D. & Clifton D. O. (2004). Strengths-based development in practice. In: Linley A and Joseph S (eds) *Handbook of Positive Psychology in Practice*. Hoboken, NJ: Wiley, 256-268

Hodgins, H. S. & Knee, R. (2002). The integrating self and conscious experience. in Deci, E. L. & Ryan, R. M.(Eds.), *Handbook on self-determination research: Theoretical and applied issues*, 87-100, Rochester, NY: University of Rochester Press.

Honore, C. (2004). *In praise of slow: How a worldwide movement is challenging the cult of speed.* London: Orion.

Jackson, S. A. & Marsh, H. W. (1996). Development and validation of a scale to measure optimal experience: The flow state scale. *Journal of Sport & Exercise Psychology*, 18, 17-35.

Kawabata, M. & Mallett, C. J. (2011). Flow experience in physical activity: Examination of the internal structure of flow from a process-related perspective. *Motivation and Emotion*, 35, 393-402.

Keenan, E. M. & Mostert, K. (2013), Perceived organisational support for strengths use: The factorial validity and reliability of a new scale in the banking industry. *South African Journal of Industrial Psychology*, 39, 1-12.

Kong, Dejun Tony & Ho, Violet T. (2016). A self-determination perspective of strengths use at work: Examining its determinant and performance, implications. *The Journal of Positive Psychology*, 11(1), 15-25.

Kuo, T. & Ho, L. (2010). Individual difference and job performance: The relationships among personal factors, job characteristics, flow experience, and service quality. *Social Behavior and Personality: An International Journal,* 38, 531-552.

Landhauber, A. & Keller, J. (2012). Flow and its affective, cognitive, and performance-related consequences. In S. Engeser (Ed.), *Advances in flow research*, 65-85, New York, NY: Springer.

Linley, P. A. & Joseph, S. (2004). Positive Change Following Trauma and Adversity:

A Review. *Journal of traumatic stress,* 17(1), 11-21.

Linley, P. A. & Harrington, S. (2006), Playing to your strengths. *The Psychologist*, 19, 86-89.

Linley, P. A. (2008). *Average to A+: Realising strengths in yourself and others.* Coventry: CAPP Press.

Linley, A., Willars, J. & Biswas-Diener, R. (2010). *The strengths book: What you can do, love to do, and find it hard to do ? and why it matters.* Coventry, UK: CAPP Press.

Linley, P. A., Nielsen, K. M., Wood, A. M., Gillett, R. & Biswas-Diener, R. (2010). Using signature strengths in pursuit of goals: Effects on goal progress, need satisfaction, and well-being, and implications for coaching psychologists. *International Coaching Psychology Review*, 5, 8-17.

Linley, P. A., Garcea, N., Harrington, S., Trenier, E. & Minhas, G. (2011). Organizational applications of positive psychology: Taking stock and a research practice roadmap for the future. In K. M. Sheldon, T. B. Kashdan, & M. F. Steger (Eds.), *Designing positive psychology,* 365-381, NY: Oxford University Press.

Littman-Ovadia, H. & Davidovitch, N. (2010). Effects of congruence and character strength deployment on work adjustment and well-being. *International Journal Of Business And Social Science*, 1, 138-146.

Littman-Ovadia, H. & Steger, M. (2010). Character strengths and well-being among volunteers and employees: Toward an integrative model. *The Journal of Positive Psychology*, 5, 419-430.

Lopez, S. J. (2008). *Positive psychology : exploring the best in people,* Prager Publishers, Santa Barbara, CA, USA.

Luthans, F. (2002). Positive organizational behavior: Developing and managing psychological strengths. *Academy of Management Executive*, 16, 57-72.

Luthans, F. & Youssef, C. M. (2007). P*sychological Capital: Developing the Human Competitive Edge.* Oxford: Oxford University Press.

Lyubomirsky, S., King, L., & Diener, E. (2005). The benefits of frequent positive affect: Does happiness lead to success. *Psychological Bulletin,* 131(6), 803−55.

Meyers. M.C, Woerkom. M. & Bakker. A. B. (2013), The added value of the positive : A Literature review of positive psychology interventions in organizations. *European Journal of Work and Organizational Psychology*, 22(5), 618-632

Mills, M. J., Fleck, C. R. & Kozikowski, A. (2013), Positive psychology at work: a conceptual review, state of practice assessment, and a look ahead. *The Journal of Positive Psychology*, 8(2), 153-164.

M. Stairs & M. Galpin (2013), Positive Engagement : From Employee engagement to work place happiness. *Oxford handbook of positive psychology and work*, Oxford, UK: Oxford University Press, 155-172.

Nadler, D. A. & Tushman, M. L. *Competing by Design: The Power of Organizational Architecture.* New York:Oxford University Press, 1997.

Nakamura, J. & Csikszentmihalyi, M. (2002). The concept of flow. In C. R. Snyder & S. J. Lopez (Eds.). *Handbook of positive psychology*, 89-105, New York, NY: Oxford University Press.

Nelson, D. L. & Cooper, C. L. (2007). Positive organizational behavior: An inclusive view. In D. L. Nelson & C.L. Cooper (Eds.). *Positive organizational behavior* (pp. 3–8). London: Sage.

Newman. A., Ucbasaran, D., Zhu, F. & Hirst, G. (2014), Psychological capital: A review and synthesis, Journal of Organizational Behavior, 35, 120-138.

Nunnally, J. C. & Bernstein, I. H. (1994). *Psychometric theory*(3rd ed.). NY: McGraw-Hill.

Osman M. Karatepe & Georgiana Karadas(2015). Do psychological capital and work engagement foster frontline employees' satisfaction? *International Journal of Contemporary Hospitality Management,* 27(6), 1254-1278.

Park, N. & Peterson, C. (2003). Virtues and Organizations. In K.S. Cameron, J.E. Dutton, & R.E. Quinn (Eds.), *Positive organizational scholarship: Foundations of a new discipline,* 33–47. San Francisco, CA: Berret-Koehler.

Park, N., Peterson, C. & Seligman, M. E. P (2004). Strengths of character and well-being. *Journal of Social and Clinical Psychology*, 23(5), 603-619.

Peterson, C. & Seligman, M. E. P. (2004). *Character strengths and virtues: A handbook and classification.* New York, NY: Oxford University Press.

Peterson, C., Ruch W., Park, N., Beermann U. & Seligman, M. E. P.(2007). Strengths of character, orientations to happiness, and life satisfaction. *The Journal of Positive Psychology,* 2(3), 149-156.

Peterson, C., Stephens, J. P., Park, N., Lee, F. & Seligman, M. E. P. (2010). Strengths of character and work. In A. Linley,S. Harrington, & N. Garcea (Eds.), *Oxford handbook of positive psychology and work.* New York, NY: Oxford University Press.

Podsakoff, P. M., MacKenzie. S. B., Lee. JY. & Podsakoff. N. P. (2003). Common method biases in behavioral Research: A Critical Review of the literature and recommended remedies. *Journal of Applied Psychology,* 88(5), 879-903.

Proctor, C., Maltby, J. & Linley, P. A. (2011). Strengths use as a predictor of well-being and health-related quality of life. *Journal of Happiness Studies*, 12, 153.169.

Rath, T. (2007). StrengthFinder 2.0: A New and Upgraded Edition of the Online Test from Gallup's Now. Discover Your Strength.

Rath, T. & Conchie, B. (2009). *Strength based leadership: Great leaders, teams, and why people follow*. New York, NY: Gallup Press.

Roberts, L. M., Spreitzer, G., Dutton, J., Quinn, R., Heaphy, E. & Barker, B. (2005). How to play to your strengths. *Harvard Business Review*, 83(1), 1-7.

Rogers, C. (1959). A Theory of therapy, personality, and interpersonal relationships as developed in the client-centered framework. In S. Koch (Ed.), Psychology: *A study of a science*, 184-256. New York: McGraw-Hill.

Ryan, R. M. & Deci, E. L. (2000). Self-determination theory and the facilitation of intrinsic motivation, social development, and well-being. *American Psychologist,*

55, 68-78.

Schaufeli, W. B., Bakker, A. B. & Van Rhenen, W. (2009). How changes in job demands and resources predict burnout, work engagement, and sickness absenteeism. *Journal of Organizational Behavior*, 30, 893-917.

Seligman, M. E .P. & Csikszentmihalyi, M. (2000). Positive psychology: An introduction. *American Psychologist*, 55, 5-14.

Seligman M. E. P. (2002). *Authentic happiness: Using the new positive psychology to realize your potential for lasting fulfillment.* New York: The Free press.

Seligman, M. E. P., Steen, T. A., Park, N. & Peterson, C. (2005). Positive psychology progress: Empirical validation of interventions. *American Psychologist*, 60, 410-421.

Towers Perrin (2007). Employee Engagement Underspins Business Transformation, International Survey Research : Towers perrin.

Vallerand, R. J. & Houlfort, N. (2003). Passion at work: Toward a new conceptualization. In W. Gilliand, D. D. Steiner & D. P. Skalicki (Eds.), *Emerging perspectives on values in organizations.* 175-204, New York, NY: Information Age.

Vallerand, R. J., Salvy, S. J., Mageau, G. A., Elliot, A. J., Denis, P. & Grouzet, M. E. (2007). On the role of passion in performance. *Journal of Personality*, 75, 505-534.

Vallerand, R. J. (2008). On the psychology of passion: In search of what makes people's lives most worth living. *Canadian Psychology,* 49(1), 1-13.

Van Woerkom, M., Els, C., Mostert., K., Rothmann, I. & Bakker, A. B. (2013) *Organizational and individual orientation towards strengths use and deficit improvement: Development and validation of a new questionnaire,* Paper resented at the EAWOP Congress Munster. Muenster. Germany.

Van Woerkom, M., Baker, A .B. & Nishii.L.H. (2016). Accumulative Job Demands and Support for Strength Use: Fine-Tuning the Job Demands-Resources Model Using Conservation of Resources Theory. *Journal of Applied Psychology,*

101(1), 141-150.

Williams, L. J. & Anderson, S. E. (1991). Job satisfaction and organizational commitment as predictors of organizational citizenship and in role behaviors. *Journal of management,* 17(3), 601-617.

Wood, A. M., Linley, P., Maltby, J., Kashdan, T. B. & Hurling, R. (2011). Using personal and psychological strengths leads to increases in well-being over time: A longitudinal study and the development of the strengths use questionnaire. *Personality and Individual Differences*, 50, 15-19.

Wright, T. A .(2005). The Role of Happiness in Organizational Research: Past, Present and Future Directions," in P. L. Perrewe and D. C. Ganster(Eds.), *Research in occupational stress and well-being*, 4, 225-226.

▣ 부록

설 문 지

안녕하십니까?

본 연구팀에서는 조직에서의 강점활용이 성과와 삶의 만족에 미치는 영향에 관한 연구를 위해서 설문 조사를 진행하고 있습니다. 귀하께서 응답하신 내용은 통계법 제33조 (비밀 보호 등)와 제 34조 (통계 작성 사무 종사자 등의 의무)에 의하여 철저하게 보호됩니다.

조사 결과는 국내 회사들에서의 강점을 활용한 성과와 조직원의 웰빙을 향상시키기 위한 전략 및 긍정조직을 만드는 전략까지 수립하는데 중요한 기초자료로 활용될 것입니다.

귀하의 성의 있는 응답이 국내회사들의 이미 내재하고 있는 강점들을 활용하여 긍정조직을 만드는데 중요한 척도가 될 것이오니, 잠시 시간을 내어 본 설문에 협조해 주시면 감사하겠습니다.

본 연구는 학술지 출간을 목적으로 작성되며, 회사명과 귀하의 이름은 비공개 처리됩니다.

❑ 설문에 대한 답변 요령

각 설문문항에 대한 응답은 1(전혀 그렇지 않다)부터 5(매우 그렇다)까지로 되어 있으며, 각 질문 내용에서 귀하의 평소 느낌과 생각을 가장 잘 나타내고 있는 곳에 체크(√) 표시하여 주시기 바랍니다.

I. 아래 설문은 "강점활용"에 대한 내용으로써 귀하가 업무와 삶에서 강점을 얼마나 활용하고 있는지 묻는 항목입니다. 귀하의 느낌과 생각을 가장 잘 나타내고 있는 곳에 체크(√)표시하여 주시기 바랍니다.

(* 강점이란 귀하가 가장 잘 할 수 있는 것으로써 어떤 활동에서 일관되고 좋은 성과를 줄 수 있는 능력입니다.)

설문 문항	귀하의 응답				
	전혀 그렇지 않다.	그렇지 않다.	보통이다	그렇다	매우 그렇다
1. 나의 직무는 내 삶의 다른 활동들과 조화를 이룬다.	1	2	3	4	5
2. 직무를 통해 발견하는 새로운 것들 때문에 직무에 더욱 더 감사한다.	1	2	3	4	5
3. 직무를 통한 경험들은 내 삶속에 좋은 기억들이 된다.	1	2	3	4	5
4. 내가 좋아하는 직무에 있어서 내 자신의 열정을 적극적으로 반영한다.	1	2	3	4	5
5. 직무를 통한 다양한 경험들이 나의 삶에 열정을 불어넣는다.	1	2	3	4	5
6. 내가 아직도 나의 직무를 통제할 수 있는 것은 나의 열정 때문이다.	1	2	3	4	5
7. 나는 일할 때 완전히 빠져 들곤 한다.	1	2	3	4	5
8. 내 업무에는 내가 강점을 활용할 기회가 많다.	1	2	3	4	5
9. 내 인생에는 나의 강점을 다양한 방식으로 활용할 기회가 있다.	1	2	3	4	5
10. 나는 강점을 활용하는 것이 자연스럽다.	1	2	3	4	5
11. 나는 어떤 일을 하든지 강점을 쉽게 활용한다.	1	2	3	4	5

설문 문항	귀하의 응답				
12. 나는 내가 잘하는 것을 하는데 거의 많은 시간을 보낸다.	1	2	3	4	5
13. 강점을 활용하는 것은 나에게 익숙한 일이다.	1	2	3	4	5
14. 나는 강점을 아주 다양한 방식으로 활용할 수 있다.	1	2	3	4	5

II. 다음은 귀하가 느끼는 "직무(업무)에 대한 열정과 집중"에 관한 문항입니다. 귀하의 느낌과 생각을 가장 잘 나타내고 있는 곳에 체크(√) 표시하여 주시기 바랍니다.

설문 문항	귀하의 응답				
	전혀 그렇지 않다.	그렇지 않다.	보통 이다	그렇다	매우 그렇다
1. 나의 직무는 내 삶의 다른 활동들과 조화를 이룬다.	1	2	3	4	5
2. 직무를 통해 발견하는 새로운 것들 때문에 직무에 더욱더 감사한다.	1	2	3	4	5
3. 직무를 통한 경험들은 내 삶속에 좋은 기억들이 된다.	1	2	3	4	5
4. 내가 좋아하는 직무에 있어서 내 자신의 열정을 적극적으로 반영한다.	1	2	3	4	5
5. 직무를 통한 다양한 경험들이 나의 삶에 열정을 불어넣는다.	1	2	3	4	5
6. 내가 아직도 나의 직무를 통제할 수 있는 것은 나의 열정 때문이다.	1	2	3	4	5
7. 나는 일할 때 완전히 빠져 들곤 한다.	1	2	3	4	5
8. 나는 일할 때 다른 생각을 전혀 하지 않는다.	1	2	3	4	5

III. 다음은 귀하가 느끼는 "정서"에 대한 관한 문항입니다. 지난 4주 동안 아래 나열한 정서를 느낀 정도를 가장 잘 나타내고 있는 곳에 체크(√) 표시하여 주시기 바랍니다.

설문 문항	귀하의 응답				
	전혀 그렇지 않다.	그렇지 않다.	보통 이다	그렇다	매우 그렇다
1. 나는 직무수행을 통해 긍정적 감정을 느낀다.	1	2	3	4	5
2. 나는 직무수행을 통해 유쾌한 감정을 느낀다.	1	2	3	4	5
3. 나는 직무수행을 통해 두려움을 느낀다	1	2	3	4	5
4. 나는 직무수행을 통해 좋은 느낌을 갖는다.	1	2	3	4	5
5. 나는 직무수행을 할 때 행복하다.	1	2	3	4	5
6. 나는 직무수행을 통해 기쁨을 느낀다.	1	2	3	4	5
7. 나는 직무수행을 통해 불쾌한 감정을 느낀다.	1	2	3	4	5
8. 나는 직무수행을 통해 만족감을 느낀다.	1	2	3	4	5

IV. 다음은 귀하의 "과업수행"에 관한 문항입니다. 귀하의 느낌과 생각을 가장 잘 나타내고 있는 곳에 체크(√) 표시하여 주시기 바랍니다.

설문 문항	귀하의 응답				
	전혀 그렇지 않다.	그렇지 않다.	보통 이다	그렇다	매우 그렇다
1. 나는 직무기술서에 명시된 내 책임을 완수한다.	1	2	3	4	5
2. 나는 직무에서 필요로 하는 공식적인 성과를 충족시킨다.	1	2	3	4	5
3. 나는 나에게 할당된 일을 충실하게 완수한다.	1	2	3	4	5
4. 나는 나의 업적평가에 직접적으로 영향을 미칠 활동을 수행한다.	1	2	3	4	5
5. 나는 기대만큼 과업을 수행한다.	1	2	3	4	5

V. 다음은 귀하의 "삶의 만족도"에 관한 문항입니다. 귀하의 느낌과 생각을 가장 잘 나타내고 있는 곳에 체크(√) 표시하여 주시기 바랍니다.

설문 문항	귀하의 응답				
	전혀 그렇지 않다.	그렇지 않다.	보통 이다	그렇다	매우 그렇다
1. 전반적으로 볼 때, 나의 삶은 나의 이상에 가깝다.	1	2	3	4	5
2. 내 삶의 상황들은 아주 좋다.	1	2	3	4	5
3. 나는 내 삶에 만족한다.	1	2	3	4	5
4. 지금까지 내 삶에서 내가 원하는 중요한 것들을 이루어 냈다.	1	2	3	4	5
5. 만약 내 삶을 다시 살 수 있더라도, 지금 삶의 모습을 바꾸지 않을 것 이다.	1	2	3	4	5

VI. 다음은 귀하의 개인적 정보에 관해 묻는 항목입니다.

문항	귀하의 해당사항에 표시바랍니다.
1. 성별	① 남 성 ② 여 성
2. 연령	① 30세 미만 ② 30세 이상~40세 미만 ③ 40세 이상~50세 미만 ④ 50세 이상
3. 업무경력	① 1년 미만 ② 1년 이상~5년 미만 ③ 5년 이상~10년 미만 ④ 10년 이상~15년 미만 ⑤ 15년 이상
4. 최종학력	① 고등학교 졸업 ② 대학교 졸업 ③ 대학원 졸업 ④ 박사학위 소지
5. 직급	① 사원 ② 대리 ③ 과장 ④ 차장 ⑤ 부장 ⑥ 임원
6. 업종	① 제조/생산 ② 금융 및 보험 ③ 유통업 ④ 서비스업 (교육포함) ⑤ 연구개발업 이상 ⑥ IT/ 정보통신

▣ ABSTRACT

The Impact of Strength use based on Positive Psychology on Perceived Performance and Life Satisfaction

Lee, Hae Sook
Seoul School of Integrated Sciences & Technologies
Advisor: Kim, Bo-Young, Ph.D.

The field of organizational behavior started to embrace the positive psychology movement, developing a positive approach to human resources management and organizational behavior. Whereas traditional psychology has been focused excessively on negative aspects of people, positive psychology aims to contribute to more comprehensive understanding of human behavior by shifting research focus away from what is wrong with people to what is right with people. On the basis of the notion that individuals' positive experiences and attitudes are likely to have impact not only on their personal lives but also on their work lives, positive psychology researches provide the insight on the effects of positive psychology interventions applied in the organizational context and provide Positive Organization Behavior(POB), a new paradigm and possibilities.

POB is defined as 'the study and application of positively oriented human resource strengths and psychological capacities that can be measured, developed, and effectively managed for performance improvement in today's workplace'(Luthans, 2002; Luthans & Youssef, 2007). As reflected in the definition above, individuals' strengths, defined as characteristics that allow individuals to perform well or at their personal best (Wood, Linley, Maltby, Kashdan, & Hurling, 2011), make up a critical component that underlie the field of POB. In this field the most researched positive psychology construct is Positive Psychological Capital that comprises four psychological resources : self-efficacy, optimism, hope and resilience. However there is few studies have examined how organizations can promote employees' strengths use at work.

About a decade after the emergence of positive psychology studies in Korea expanded in a variety of related fields. As organizations' interest and attention on positive orientation have increased studies on positive organization behavior have grown in Business management field. Yet, little research has been conducted to clarify the detailed picture of the current state of the field and its impact on organizations in Korea.

The present study thus aimed at reviewing and analyzing the major trends and characteristics of positive psychology framework studies published since the positive psychology movement began to identify needs and opportunities for future research directions. And also validating the organizational relevance of studying employee strengths use by demonstrating perceived performance and life satisfaction ensuing from strengths use and provide empirical support. In addition to providing practical implications on developing employee strengths use and how to do so, this study advances theory and research on workplace strength use and positive organizational behavior.

First, this paper aims at reviewing and analyzing the major trends and characteristics of 266 studies published between 2005 and 2015 on Positive psychology and Positive psychology at work to provide future research directions. It also provided an understanding of 39 empirical studies related Business administration to help guide further research and to develop the area of positive organization. The results showed that studies rapidly increased and expanded to other academic fields since the year of 2010. The most researched positive psychology construct is Positive Psychological Capital that comprises four psychological resources : self-efficacy, optimism, hope and resilience. Especially from a management perspective, since this is yet a relatively new field it lacks various variables and samples. Implication of these findings is that development of new variables, theories and model embedded in Korean organizations' socio-cultural contexts is needed since this is psychology based on positive organizational behavior.

Second, this research examined the mediating effects of having harmonious passion, positive feelings and concentration in the relation between using strengths and individual perceived performance and life satisfaction. This study was conducted on a sample of 460 employees and structural equation modelling analyses were performed to test the proposed model. The results show that increases in the use of strengths were to related to increase in harmonious passion, positive feelings and concentration, which in turn led to higher levels of perceived performance. Further enhanced harmonious passion and positive feelings both led to higher perceived performance and levels of life satisfaction, however enhanced concentration was not related to higher levels of life satisfaction and only led to perceived performance. Hence the research reveals that increase the strengths use at work helps to increase employees' performance as well as life satisfaction.

Finally, this research is to investigate the impact of strengths use and development on individual perceived performance. The present research aimed at exploring the role of harmonious passion and concentration on individual perceived performance and in this relation, verifies the group difference by the level of strengths use. This study was conducted on a sample of 460 employees and structural equation modelling analyses were performed to test the proposed model. The results showed that harmonious passion and concentration is positively related to individual perceived performance. In the relation between harmonious passion and perceived performance, there was a difference between high strength use group and low strength use group. Overall, the findings provide encouraging support for the potential benefits of employee's strengths use at work and the importance of intrinsic motivation variable on perceived performance.

Few POB studies have examined strengths use in work settings. The empirical findings support that strengths use yields the individual and organizational potential benefits and also the importance of strengths use as a psychological motivation variables. In addition practical implications on developing employee strengths use are discussed.

Key words: Positive Psychology, Positive Organization, Positive Organization Behavior, Strengths Use, Perceived Performance, Life Satisfaction, Harmonious Passion, Positive Feelings, Concentration, Group Difference

Student Number: 1302001015

▣ 감사의 글

박사과정 시간은 저에게 많은 새로운 것들을 경험하고 도전하는 기회였습니다. 직장생활을 통해 저의 관심은 늘 “어떻게 하면 구성원들이 신나게 일하면서 성과를 내고 조직과 함께 성장할 수 있을까?”였습니다. 논문을 쓰면서 이 질문에 대한 작은 답을 찾을 수 있었고 앞으로의 제가 하고 싶은 일의 방향을 재정립 할 수 있었습니다. 이번 과정은 많은 분들의 도움으로 가능했고 제가 얼마나 인복이 많은지를 또 한 번 깨닫게 해주었습니다. 부족한 제자를 항상 격려해주시고 길을 안내해주시고 세세하게 지도해주신 김보영 지도교수님, 저희 학년을 맡아 배려와 지원을 해주신 박정열 교수님, 논문 방법론과 통계에 도움을 주신 박민재 교수님께 진심으로 감사드립니다. 또한 논문 심사과정에서 아낌없는 지도로 많은 가르침을 주신 김주남 심사위원장님을 비롯하여 차경천 교수님, 장현성 교수님께도 감사드립니다. 또한 박사과정에 도전할 수 있도록 도움을 주신 CiT 코칭연구소 박정영 대표님, 한스컨설팅 한근태 대표님, 국민대 고현숙 교수님, 최윤식 박사님, 이 과정에 늘 격려와 지지를 보내주신 설렘 여러분, 설문에 많은 도움을 준 전 직장 동료들과 동기 박사님들께도 감사를 드립니다. 논문에 대한 생각을 자극하고 아낌없는 도움을 준 Paper-pals 회원들 그리고 이 모임을 적극적으로 이끌어 준 엄재근 교수님께도 감사를 드립니다.

무엇보다 부족한 맏며느리의 늦은 공부를 격려해주신 어머님, 공부를 할 수 있도록 배려와 지원을 아끼지 않았던 사랑하는 남편 인규씨, 이해심 많은 따뜻한 딸 주연과 든든하게 도움을 준 아들 종석, 그리고 사랑하는 가족들 모두에게 고마움을 전합니다. 살아계신 동안 늘, 또 하늘에서도 사랑과 응원을 해주셨을 아버지에게 감사함을 전합니다. 앞으로 항상 배우면서 즐겁게 나누고 많은 사람들이 자신의 색깔, 밝음, 크기로 빛날 수 있도록 돕는 삶을 살겠습니다. 감사합니다.

4차 산업혁명
: 개인과 조직, 강점에 집중하라!

2017년 5월 24일 | 초판 인쇄
2017년 5월 29일 | 초판 발행

지 은 이 | 이혜숙
발 행 인 | 김은중
발 행 처 | 서울경제경영출판사
북디자인 | (주)우일미디어디지텍

주 소 | 03767 서울특별시 서대문구 신촌로 205, 506호
전 화 | 02)313-2682
팩 스 | 02)313-8860

등 록 | 1998년 1월 22일 제5-63호

ISBN 978-89-97937-65-3 93320 정가 12,000원